若いビジネスマンのための「今」を生き抜く57の言葉

The
57 sayings
for businesspeople
who don't live
today

植西聰

Nanaブックス

勝ったときはいいの。みんなおめでとうを言ってくれるから。
でもね、人間、負けたときが大事。
負けたとき、本当の友達、わかるよ。

――エディ・タウンゼント　ボクシングトレーナー

はじめに

「一〇〇年に一度の不況」と、最近多くの人が口にしているのをよく聞きます。
年間の自殺者だけでも毎年三万人近くに上る現代日本において、私たちビジネスパーソンを取り巻く昨今の環境は、あり得ないくらいひどくなっていくばかりです。

しかし、いわゆる「未曾有の危機」と呼ばれる厳しい時代は、それこそ今に始まったことではありません。当たり前の話ですが、これまでも人類は想像を絶するような、おびただしい数の争乱期や混乱期を経験し、そしてまた、それらを必ず乗り越えて現代に至っているのです。

各々《おのおの》の厳しい時代には、必ず偉大な人物が現れ、その時代の人々を牽引《けんいん》してきたことも見逃せない事実です。多くの人は、これらリーダーを「天才」のひと言で片づけてしまいがちです。

しかし、英国の思想家トーマス・カーライルが「天才とは、何よりもまず苦悩を受けとめる先駆者的な能力のことである」と記しているように、私自身も**天才とは、まず困難をしっかりと受けとめ、己の信念や行動哲学に沿って生きた人たちのことである**と思っています。

また、**彼ら彼女らは苦境という現実の「見方」を変えてしまうことに長《た》けていた**という点も、着目すべき特徴の一つでしょう。

どんな英雄やヒーローたちも私たちと同じ人間ですから、当然死を迎えます。無論、そういった混迷の時代を生き抜いた天才たちの物の見方や考え方を、今の時代に生きる私たちは聞くことができません。

しかし、どれだけの長い年月を経たとしても、彼らの放った**「言葉」というものは、そう簡単に色褪《あ》せることはありません**。

私は、そういう**言葉が持つ力というものは、こういった苦しい時代だからこそ輝きを増す**ように思えてならないのです。

私はこれまでに、そういった先達《せんだつ》の言葉というものを「成功哲学」「精神科学」「人間行動学」「心理学」などの多面的な観点から、長年にわたり研究してきました。

世間一般に言われる「天才」や「英雄」「ヒーロー」の本質というものは、奥深いものがあり、歴史的背景や、人物内容の詳細まで記述すると、かなり膨大なものとなり、単なる研究書のようなものになってしまいがちです。

おそらく、皆さんがそういった人物一人ひとりの理解に努めようとしても、長い時間がかかってしまうことでしょう。また、実生活で物事がうまくいかないときや、人生のハードルにつまずいてしまったときなど、こうした天才の「生き様」というものは、私たち凡人にとって、どうしてもうまく役立てられないのが現実のところです。

しかしながら、**彼ら自身の言葉に着目し、そのエッセンスを取り出し、じっくりと味わうならば、これほど手軽でかつ有効な「人生の羅針盤」になるものはない**と私は考えます。

様々な悩みや迷いを経験し、誰にも相談できずに苦しみに耐えている人が多いであろうこの時代に、誰もが「生き方」の指針となるようなノウハウを容易に身につけ、苦しい局面を何とか乗り越えて行けるための本はないものかと思い、古今東西の名言をこういったスタイルで簡潔・明解に説いたのがこの一冊です。

本書では種々《しゅじゅ》の言葉を集め、その内容を、仕事、人間関係、現実、自分自身、夢や希望の各五章に分けました。

今現在苦しんでいる問題に合った章を読んでいただければ、悩みや迷いが吹っ切れ、人生に勇気と希望が湧いてくるものと確信しています。

多くの方々がこの本を読んだことがきっかけとなり、辛く苦しい時期を乗り越え、真の幸福をつかむことができるようになれば、これに勝る喜びはありません。

植西　聰

「今」を生き抜く57の言葉
The 57 saying for businesspeople who don't live today

CONTENTS

Chapter 1 仕事の見方が変わる言葉

Chapter 2 人間関係の見方が変わる言葉

Chapter

3 現実の見方が変わる言葉

Chapter 4

自分の見方が変わる言葉

Chapter 5 夢や希望の見方が変わる言葉

仕事の見方が変わる言葉

Chapter 1

01

あなたの才能は興味のあること関心のあることに反応を示す

金がどうした？朝起きてから夜寝るまでの間にやりたいことをやったら、その人は成功者だ。

——ボブ・ディラン　シンガーソングライター

「私には才能がない」

よくこう嘆く人がいます。

しかし、それは思い違いもいいところです。これは趣味に置き換えてみるとわかるでしょう。

たとえば、仕事も勉強もまるでできない人がビートルズの大ファンで、ビートルズのアルバムなら全部持っているとします。このとき、人から「これはいつ発売されたの？」と質問されたら、この人はどう対応するでしょうか。

おそらく、「このアルバムはいついつに発売されたものだ」「ビートルズの曲の中でもっともヒットした曲は○○と□□で、○○などは音楽の教科書にも載っているくらいだ」といった具合にスラスラと答えられるはずです。

仕事も勉強も苦手な人が、なぜ、ビートルズにだけは精通しているのでしょうか。**それは、ビートルズが好きだからです**。つまり、**興味があるから、そのことに集中でき、記憶に残る、ただそれだけなのです**。

しかしこれは、才能を発見する場合にとても有効な手段にもなります。好きなこと、すなわち、興味や関心のあることをしっかりと意識するようにすれば、集中力・記憶力がグンとアップすることでしょう。そうなれば技術やノウハウの習得も早くなる。はた目から見て大変そうに思えることも、当人からすればそれほど大変には感じず、努力や辛抱も苦ではなくなるのです。とりもなおさず、それは才能が開花・発揮され始めた証拠なのです。「才能がない」「取り柄がない」と思っている人は、まず興味や関心のあることをとにかく意識するようにして欲しいのです。きっと今まで気づかなかった自己特有の才能が発見できるでしょう。

あなたは**これさえあれば他は何もいらない**というものがありますか？

02 興味を持ったことにチャレンジし続けると個性や才能を磨くチャンスが舞い込んでくる

わたしには、特殊な才能はありません。ただ熱狂的な好奇心があるだけです。

――アルバート・アインシュタイン　科学者

前項で、興味や関心のあることを行えば、今まで気づかなかった自己特有の才能が発見できるようになると述べました。しかし、世の中それをなおざりにしている人がものすごく多いのも事実です。

たとえば、仕事の選び方一つとっても、人は往々にしてこのように考えがちです。

「せっかく、法学部を出たのだから、法律関係の仕事に就こう」

「私は大学で電子工学を学んだので、エンジニア関係の仕事に就くべきだ」

転職する場合も同じで、ついつい、こう考えてしまいがちです。

「前の会社では苦労して宅建の資格を取ったのだから、それを活かす仕事に就こう」

「ずっと経理の仕事に携わってきたから、次も経理の仕事に就きたい」

もちろん、こう考えること自体が間違っているということではありません。

しかし、**先入観があまりにも強いと自分の可能性を閉ざしてしまうことにもなりかねない**ということは覚えておいて欲しいのです。

思い当たるフシのある人は、過去がどうあれ、今興味を持っていることに、どんどんチャレンジして欲しいのです。

小説を書きたければ、とにかく書いてみましょう。ネイルアートを習いたければ、まずは教室に通ってみるのです。

そうすれば、「自分では文才がないと思っていたが、まんざらそうでもなさそうだ」「私って、思っていたよりも、器用だ」といったように、意外な才能に目覚める場合があるからです。仕事としてやれるものだって見えてくるかもしれないのですから。

新たな生きがい・目標が生まれる可能性を感じられれば、自然と進むべき道もより明確になるものです。

あなたは**今興味を持っていることがありますか**？ それは大きなチャンスかもしれません。

03 あらゆる人間には「人に喜びを与えることができる」という特性が備わっている

競争相手によってけなされたり、破壊されたりする恐れのない資産が一つだけある。それは善意である。

――マーシャル・フィールド　実業家

私たちは仕事を選ぶとき、「将来、海外でも活躍したい」「高収入を得たい」といったように、自分中心の尺度でモノを考えがちです。

しかし、その思いがあまりに強いと、自分の仕事がうまくいくことのみに目を奪われ、他人の幸せを考える気持ちは薄らいでいきます。欲得に支配され、仕事に哲学が持てなくなるのです。つまり、**生き方に軸がなく、ひどくブレた何でもアリの、誰のためにもならない人間**になってしまいます。

逆に、世のため人のために役に立ちたい、尽くしたいという気持ちを意識し続けるとどうなるのでしょう？

結論から言えば、こういう人は「他人の成功を願うことは、自分の成功を引き寄せる」という法則が働いて、成功せずにはいられなくなります。

ですから、仕事を選ぶに当たり「どうすれば、世のため、人のために貢献できるだろうか」と考えることは、じつはとても重要なことなのです。

しかしこれは、さほど難しく考える必要はありません。

壊れた電気製品を直すのが得意という人は、電気の修理関係の仕事に、子供と会話するのが好きならば、保育関係の仕事に目を向ければいいのです。

ペットが好きな人だったら、最初はボランティアで構わないので、老人のいる所にペットと行き、老人の心を癒してあげるペットセラピーという方法もあるのです。

こういった簡単なことを行うだけで、世のため、人のためというポリシーは感じられるものなのです。

そして、**そのポリシーはやがてあなたを必ずや助けてくれることになる**でしょう。

あなたには、**誰かのためにやっていること**が一つでもありますか？

04

ハードルを段階的に高めていけば限界は必ず越えられるようになる

失敗したら初めからやり直しなさい。そのたびにあなたは強くなっていきます。

——アン・サリバン　教育家

昔、ある水泳コーチが「一〇メートルしか泳げない」という小学生を対象にユニークな練習法を行ったことがありました。コーチがプールの中に入り、一〇メートル先に旗を掲げ「先生はここに立っているから、ここまで泳いできなさい」と言って、子供たちを泳がせるというやり方でした。

しかし、これにはカラクリがあり、本当は一〇メートルの位置ではなく、コーチは一〇・五メートルの位置に立っているのです。そして、一〇・五メートルの距離をクリアしたら、五〇センチずつ距離を延ばしていって、最終的には二五メートル泳げるようにさせるという練習法だったのです。

一見すると、気の遠くなる練習法ですが、**人生もこれと同じで、いきなり限界を超えて成功しようとしても無理**なのです。自分の限界を見定め、プラス・アルファの目標をクリアすることが、毎日の仕事では重要なことなのです。

腕立て伏せが一〇回しかできないというなら、まずは一一回行うようにする。一一回がクリアできたら、次は一二回に挑戦する。そして翌日は一三回を目指すようにしていく。

セールスも同じで、いきなり好成績をあげようとは考えないで、まずは、一週間に一件でもいいから、売り上げを伸ばすように行動してみる。それがクリアできたら、今度は二件、それがクリアできたら次は三件と、段階的に限界の壁を打ち破っていくようにしてみるのです。

そうすれば、半年後、一年後、自分でもびっくりしてしまうくらいの成長ぶりが自覚できるはずです。

なぜならば、**いきなり一日背が一〇センチも伸びる人などはいない**のですから。

05

積極的に人と会うと道が開けるようになる

ひとつの扉が閉じたら、もうひとつの扉が開く。
だが往々にして人々は閉じた扉を悔しそうに長いこと見つめているので、
別の扉が開いたことに気づかない。

――グラハム・ベル　発明家

「スランプに陥ってしまった」

「いいアイディアがなかなか思いつかない」

こういうときは、いったん、仕事を中断し、外に出て、積極的に人に会うようにしてみましょう。これには、二つの理由があります。

一つは、気分転換のためです。スランプに陥った人たちというのは、たいていの場合思考回路が滞《とどこお》ってしまっているのです。しかし、外に出て人と会うと、かなりの刺激を受けるため、思考回路が弛緩し、脳の活性化が始まります。

つまり、やる気が出てアイディアやヒラメキが湧き起こりやすくなるのです。

もう一つは、固定概念を崩す効果が期待できます。たとえば、**一つのことで悩んでいる人は、定められた角度からしかモノを見ていません。**一つのモノサシでしか物事が考えられないということです。ところが、外に出て人と会えば、その人達は自分とは違った角度からモノを見て、違った角度からの意見を聞けるものです。こういった刺激から固定概念が崩れ、視野が広がるため、新たな可能性が開けてくるというわけです。

さらに人と会うときはご無沙汰している人にこそ、なるべくコンタクトを取るよう心がけるようにしましょう。

親しくしている人とは決まりきった話題が多くなりがちなので、それほど新鮮な刺激は得られないからです。これに対し、久しぶりに会う人だと、引き込まれそうな楽しい話や、奇想天外な話に驚くこともあるからです。つまり、新鮮な刺激に、感動や感激に楽しさといった要素がプラスされ、スランプ脱出やアイディアが閃《ひらめ》くきっかけとなるからです。

ご無沙汰している人が見つからなければ、積極的に勉強会やパーティー等に参加し、まったく知らない人と話すことをしてみましょう。

あなたの知らない人は、すごい情報をもたらす人かもしれません。

06
成功者には仕事に愛着を感じているという共通点がある

私はやっとのことで自分の仕事哲学を持つに至りました。自分のしていることを楽しみ、最善を尽くす、それで十分です。

――マリア・シェル　女優

「自分は引っ込み思案で人前に出るのが苦手だ。だから、セールスなんかやりたくない」

そう考えている人が、セールスの仕事をしても当然成績は上がらないものです。企業セミナーなどで猛特訓をすれば、それなりのセールストークがマスターでき、多少変化は現れるかもしれません。しかし、トップ・セールスマンとして成功を収めるまでには至らないでしょう。

理由は単純で、**この人はセールスの仕事に惚れていない**からです。

ところが、「自分は人と会うのが大好きだから、セールスの仕事にも興味がある」と考えている人は勝手がだいぶ違ってきます。そういう人は、ノルマの達成に向けて発奮もできるだろうし、「こう動けば、よりベターかもしれない」と考え、創意工夫を凝《こ》らそうとするからです。スランプに陥っても、それを乗り越えていくだけの情熱と信念が保てるようにもなるはずです。単純な話、そのぶん成功を収める確率が高くなるのです。それは結局**セールスの仕事に惚れ込んでいるから**なのです。

身もフタもない言い方かもしれませんが、業種・職種を問わず、**ある分野の仕事で成功を収めている人は、その仕事にとことん愛着を感じているもの**です。

仕事に愛着を感じる人は、技術やノウハウの吸収が早くなります。また努力や辛抱もさほど苦ではありません。さらには、失敗したとしても、それすら糧にして這い上がろうとするでしょう。

そういう人が「将来、こうなりたい」と強く想念を繰り返すと、潜在意識が味方するようになり、確実に成功のチャンスを呼び寄せてしまうのです。

あなたが成功を収めたければ、とにかくとことん惚れ込める仕事に就くことです。

あなたは**今の仕事に愛着を感じていますか**？

07 成功者は何事にも積極的だが猪突猛進は慎む傾向にある

将軍の適性は判断と慎重なり。

――タキトゥス『歴史』

成功を収めるためには、積極的に考え、行動を起こすことが重要になってくるのは言うまでもないでしょう。

しかし、重大な選択・決断を迫られ、「成功する可能性も失敗する可能性もある」と迷っている場合は、**成功する人は得てして慎重な態度を取るもの**です。万が一、失敗に終わり、打撃を被《こうむ》ったとき、それを乗り越えていけるという確信がなければ、積極的な姿勢も、単なる猪突猛進で終わってしまうということを熟知しているのです。

では、そういうときはどのように対処すればいいのでしょうか？　「デメリット予測」を打ちたててみるのです。将来、起こりうる事柄をあえてネガティブな側面から考察してみることを私はお勧めします。

たとえば、ヘッドハントされ迷っているとしたら、転職で生じるデメリットをまず推測してみるのです。

「新しい会社に移ったらやりがいが持てるし、年収も倍だ。しかし、はるかに高度なスキルが求められる。人間関係は複雑そうだし、ストレスも倍増するかもしれない」

そして、ここからが重要で、今度はその逆の展開をシミュレーションしてみるのです。つまり「仕事は大変そうだが、何とか無事こなせそうだ。人間関係もうまくやっていける自信がある」という可能性を感じるのなら、ヘッドハントの話は前向きに考えたほうがいいということになります。

そして「もろもろ自信がない」という可能性が高ければ、ヘッドハントの話は断るべきでしょう。

このように重要な選択を迫られたときは、まずは「デメリット予測」をし、いろいろな展開をじっくりとシミュレーションしてみましょう。

不確実性がある状況下での重大な判断は、**いかに慎重な行動が取れるかが成功と失敗の分かれ道になる**。これは知っておいて決して損のないことです。

08

成功する人は何を最大の情報網としているか？

真に人を動かすために必要なのは「力」ではなく「情報」だと思うのです。
——斎藤由多加　ゲームクリエイター

戦国最強の大名といわれた武田信玄は、**人を最大の情報網として積極的に活用していた**ことで知られています。

武田家家臣の記録によると、信玄は直属の家臣二〇人あまりを商人に変装させ、全国に潜入させ、たえず諸大名の動きを探り続けたといいます。

また、信玄は御用商人も重用しました。というのも、彼らは自国の物産を供給することで、甲斐の国（今の山梨県）の経済を潤《うるお》わせただけでなく、各地の情報まで逐一、信玄に報告してくれたからです。

つまり、信玄は商人に変装させた直属の家臣や御用商人を、外交や情報入手のために組織として動かしていたのです。

こうした信玄の姿勢には、われわれ現代人も大いに見習うところがあります。

今日ビジネス環境は大きく様変わりし、インターネットが普及した代わりに、残念ながら不確実な情報も同時に増えてしまいました。マスコでは、一つの事柄をニュースとして報道する際、各新聞・各テレビ局によって、報道内容に違いが生じることも少なくありません。こうした状況に振り回されないためには、人を媒体とした**生の情報収集や自己の目で確かめるといった独自の活動がますます重要となる時代**が現代なのです。

フランクにモノを言ってくれるブレーンを一人でも多く確保する必要もあるでしょう。

「いい情報は聞かせてくれなくてもいい。ただし、悪い情報は必ず私の耳に入れてくれ。それが私への悪評であったとしてもだ。その代わり、その人間を私はいっさい責めたりはしない」とは元新日鉄社長の永野重雄氏の言葉ですが、コンスタントに正確な情報を得て、分析し、それをビジネスに役立てていく習慣を身につけることは、成功者の必須条件となってきているのです。

あなたはどのような情報収集の方法を持っていますか？

09 大きなチャンスは一体どうすればつくり出せるものなのか？

仕事の本質とは、集中されたエネルギーである。

――パジョット『伝記研究』

成功者を見渡すと、ある共通点があることに気がつきます。それは、ある事柄からいくつかの特徴を見つけ出し、それをまったく別の特徴に変えていく術に長《た》けているという点です。

たとえば、Aさんという人とBさんという人の二人が立ち食いソバ屋に行ったとします。このとき、Aさんは立ち食いソバ屋を単なる立ち食いソバ屋としか見ようとしないでしょう。残念ながら見方を変え、発想をふくらましていこうとはまずしないのです。

しかし、Bさんは、立ち食いソバ屋を単なる立ち食いソバ屋と捉えないタイプです。見方を変え、発想の転換を図り、自分なりに解釈を加えていくことで、新たな価値を創造したり、大きな可能性を導き出すことを考えるタイプです。**「見方」を変える、こんなちょっとしたことこそが成功のアイディアにつながっていくもの**なのです。

これを地で行って成功したのが、『ドトール・コーヒー』創業者、鳥羽博道さんです。鳥羽さんはあるとき、ヨーロッパへ旅行に出かけ、観光の合間をぬって、とあるカフェに立ち寄ったことがありました。このとき、彼の目を引いたのは、現地の人たちが立ったまま、気軽にコーヒーを飲んでいる光景でした。

「この気軽な雰囲気を、何とか日本に持ち込めないものだろうか」

こうして誕生したのが立ち飲みスタイルの喫茶店ドトール・コーヒーだったのです。

このように、**ビジネスチャンスというものは、モノの見方をちょっと変えるだけでも生まれてくる**ものです。

成功者と呼ばれる人たちの多くは、まるっきりの「無」から価値のある「有」をつくり出したのでありません。

すでに、存在するが、みんなが気づかない要素をうまく拾い出して活用した、そういうことが成功につながってしまうことは、じつは大いにあることなのです。

10

成功者が絶対に守る習慣とは？

私はいつも約束の時間の15分前には現れるようにしている。その結果、私は現在の地位を獲得した。

――ホラシオ・ネルソン　英国の海軍司令官

アメリカ合衆国初代大統領ワシントンは数多くの名言を残したといわれていますが、その中の一つにこんな言葉があります。

「できないことは最初から引き受けたりするな。しかし、いったん引き受けた以上、約束事を交わしたと解釈し、とことんそれを守らなくてはならない」

実際、成功者と呼ばれる人は、ワシントンのこの言葉を地で行っている人が多いことは事実です。

彼らは、「こうする」と宣言した以上、必ず、それを実行に移し、途中で投げ出したりするようなことは絶対にしません。**要するに、口にしたこと、約束事は必ず守るという共**

通点があるのです。

もしあなたが、成功者の仲間入りを果たしたければ、日頃から約束をキチンと守るよう心がけてみるといいでしょう。

上司から、「いつまでに書類を作成するように」と命じられたら、残業をしてでも、必ず期日までに仕上げる。

同僚に、「旅行に行ったら、お土産を買ってくる」と言ったら、財布の中味がピンチであっても、必ずお土産を購入して帰る。

友達に、「仕事が一段落ついたら、食事でもしよう。こちらから連絡する」と言ったら、必ず自分から連絡を取ってみる。

人と、どこかで**待ち合わせするときは、自分だけでも必ず時間を守る**ようにする。

そういう些細な習慣を守るようにするだけで、相手から信用され、**お金では決して買えない「人望」が得られるようになります**。「誠実な人」という印象を持たれるようにもなるでしょう。すると、ツキが味方してくれるようになり、成功や幸運も舞い込んでくるようになるのです。

あなたは、誰かと交わした**約束をちゃんと守っていますか**？

11

成功する人は富の分配を常に心がけている

成人の治は民に蔵して府軍《ふぐん》に蔵せず。

――韓非子　中国の思想家

この言葉は、中国の思想家の大家、韓非子の言葉です。

ここでいう民とは国民のこと、府軍とは軍隊のことです。要するに、人格者たるものが政治を行う場合、軍備を増強するよりも、国民の生活を優先させ、国民の支持を得ることを最重要課題にしなければならないということを説明しています。

これを地で行ったのが二六〇余年にも及ぶ徳川幕府の礎を築いた徳川家康でした。家康は豊臣秀吉の死後、朝鮮に出兵していた徳川に所属する兵士たちを直《ただ》ちに帰還させたことで知られています。それは無益な戦争をして領土を拡大することよりも、庶民の暮らしの安定を図るほうが重要であると考えていたからです。だからこそ、諸大名は家康を敬《うやま》うようになり、最終的に彼は天下人になることができたのです。

この考えは、成功者の生き方・考え方にも通じるところがあります。

後世に名を残した成功者たちは、「会社は社長のものではない。社員全員のものでもある」といつも考え、富の分配を心がけていたと言っても言い過ぎではありません。

自動車王ヘンリー・フォードは社員に対して相場の倍の給料を支払ったといいますし、石油王ロックフェラーも社員が少しでも貯蓄できるようにと自腹でたくさんの社宅を建設したといいます。

鉄鋼王アンドリュー・カーネギーにいたっては、晩年、第一線から退いた後、悠々自適《ゆうゆうじてき》に暮らすどころか「社会に自分の富を分配していく」と宣言し、たくさんの図書館や学校などを設立しているほどです。

要するに、大成功をした人と呼ばれる人たちは、いつも「共生」「共存共栄」の理念を掲げ、儲けたお金を社会に還元していこうとする姿勢があったのです。

わが身の栄達のみを考えて仕事する人と、人々の幸福に貢献しようと仕事する人とでは、成功したり、その繁栄が続く可能性がまるで違ってくるとは思いませんか。

あなたは、**一体誰のために仕事をしていますか**？

12 不遇とは存分にエネルギーを発揮するための充電期間のことを指す

危機が起こったら努めてリラックスし、楽しみなさい。

――アシュリー・ブリリアント　作家

ある商社に、Aさんという人とBさんという人がいました。二人は同期入社で、共に将来を有望視されていたのですが、あるとき、仕事で大きなミスを犯し、二人とも地方にある子会社に飛ばされてしまったのです。

このとき、Aさんは大いに落胆し、「もう、オレの将来は真っ暗だ」と毎晩、酒ばかり飲むようになり、とうとう身体を壊してしまい、挙句の果てには奥さんと離婚という最悪の結末を迎えてしまいました。

これとは対照的なのがBさんでした。Bさんも初めのうちは大いに落胆したのですが、ふとしたことから「資格を取って、脱サラ・独立するいい機会かもしれない」と考えるようになり、退社後は毎晩、行政書士の資格を取るための猛勉強に明け暮れたのです。その甲斐あって、三年後には、見事、行政書士の資格を取ることに成功し、さらに二年後には独立を果たし、ついに自分の事務所を持つに至りました。

このエピソードは何を物語っているでしょうか？　不遇の時期を迎えたら、Aさんのように自暴自棄になるのを慎み、代わりにBさんのように「今は自己実現や成功に向けてのエネルギーを充電・強化しておくいい機会」と**現実の「見方」を変えるだけで状況は必ず変わっていく**ということなのです。

それは、実務に直結する専門知識を吸収することかもしれないし、一人でも多くの人脈を築くことかもしれません。もしくはスキルアップのために語学をマスターすることかもしれません。

不遇のときこそこのことに気づき、エネルギーの充電・強化に努めれば、チャンス到来の折、そのエネルギーを遺憾なく発揮できるようになるのです。

もし**不遇の時期を迎えてしまったとしたら、あなたはどんな行動を取りますか**？

13 逆境やピンチも過ごし方次第で道は開けるようになる

弱者にとって状況は支配者である。
賢者にとって状況は道具である。
――サミュエル・ラヴァー　作家

苦しい状況でも決してあきらめなければ、いつかは成功を収めることができるもの。

これは、誰もが知っている、簡単で当たり前の理屈です。どんな人でも、これを実践すれば必ずや成果は得られるはずです。しかし、いざ実行に移すとなると難しいものがあるものです。**人はピンチや苦難に遭遇すると、ついつい言い訳をしてリタイヤしてしまう弱い生き物だから**です。

しかし、トリノ・オリンピックのフィギュア・スケートで金メダルに輝いた荒川静香選手は、この「あきらめない行動」を実践した一人でした。

彼女が金メダルを獲得するまでには、プレッシャー、スランプなど様々な困難に見舞われました。中でもオリンピック直前に、イナバウアー（スケートの技で足を前後に開き、つま先を一八〇度開いて真横に滑る技）をしても得点として加算されないことは大きなピンチとなったのです。ですが、彼女はその状況を、ただ嘆いたり恨んだりはしませんでした。ただひたすら徹底的に練習し、短い時間の中でこの問題を克服していったのです。

「もう、この辺で引退しよう」と考えたこともあったでしょう。しかし、それでもあきらめなかったからこそ、トリノの大舞台で見事な演技を披露し、世界の頂点に輝いたのです。

この不屈の精神はビジネスにも当てはまります。どんなことにもピンチや困難はつきものです。高い場所を目指せば目指すほど、その壁は高くなるものです。

困難に遭遇したとき「前例がないから不可能だ」「ダメに決まっている」といって、すぐにあきらめてしまったら、どんなに優れた人だって失敗に終わってしまうことでしょう。

冒頭の言葉ではありませんが、決して逃げ出さず、様々な方策を考え、それに向けて努力を惜しまないことが成功と失敗を決定する要素になるのです。

もう一度言いますが、最後まであきらめなければ道は必ず開けるのです。

14 頭のいい人は相手の立場に立つという術を知っている

隣人の立場に立たざる限り隣人を裁くなかれ。
――ユダヤの格言

仕事などで、怒りやイライラといった感情を抱かないように自分自身をコントロールするための方法があります。それは相手の立場に立って物事を考えるクセをつけるということです。この習慣は成功する人ならば往々にして知っていることです。

簡単な例を出していうと、取引先で重要なプレゼンテーションをするとき、部下が遅刻して出社したとします。このとき、たいていの人はイライラしてしまい、部下の顔を見るなり、「こういう大事な日に遅刻するとは何事だ」と目くじらを立てて怒るものでしょう。しかし、それだと両者に怒りの感情がこみ上げ、プレゼンテーションがうまくいったとしても、自分の身体に害を及ぼしかねません。

そこで、こういうときは、部下が遅刻したという一点だけを見つめるのではなく、次のように考えるようにしてみるのです。

「プレゼンの準備で最近は残業が続いた。ひょっとしたら、身体の調子が悪かったのかもしれないいな」

このように相手の立場になって物事を考え、きちんと対話するよう心がけるだけで、怒りやイライラといった感情はかなり鎮まるものなのです。

これは仕事に限ったことではありません。友達や恋人と会う約束をしていたのに、急にキャンセルの連絡が入ったときなども、「急ぎの仕事が入ったのかもしれない」「仕事でトラブルが発生し、その対応に追われているのかもしれない」と、まずは相手の立場になって考えるクセをつけましょう。**冷静さは一番の武器なのです**から。

そうすれば人間関係においても、ミゾをつくらずに済むだけでなく、怒りやイライラの感情も抑えられるため、すべてに悪影響を及ぼす心配もなくなるのです。

あなたは**一日人に対して何度イライラしていますか**？

人間関係の見方が変わる言葉

Chapter 2

15

本当の人脈は仕事中心の世界からは生まれない

あまり他人の同情を求めると、軽蔑という景品がついてくる。

——バーナード・ショウ　劇作家

非常に人づき合いがよく、やり手のAさんというビジネスマンがいました。

そのAさんが、あるときからゴルフに懲《こ》り始め、部下たちを誘っては、毎週のようにゴルフを楽しみ、そうこうするうちに定年退職を迎えたのです。

「さあ、これからはもっとゴルフが楽しめる」

そう思ったAさんは、かつての部下たちに声をかけたのです。しかし部下たちは「最近、忙しくて」の一点張りで誰も誘いに応じようとはしませんでした。

理由は単純で、Aさんは週末のゴルフを部下たちとのプライベートなつき合いとして考えていたのですが、部下たちはそうは思っていなかったのです。あくまで仕事の延長線のつき合い、つまり利害関係が前提だったのです。

ビジネスマンは仕事中心の交友関係になりがちなタイプがほとんどです。中でも一番怖いのは昇進を重ね、**ある程度の地位や役職に就いた人が「みんなから敬《うやま》われている」と勝手に想像してしまうこと**でしょう。

しかしそれだとAさんのように周囲からそっぽを向かれることになり兼ねません。

もし**本物の人脈をつくっていきたいのならば、仕事から離れたところでの、気の合う人との普段のつき合いこそが、とても重要**なのです。

そこには利害関係が存在しないため、遠慮や気兼ねはまずありません。ましてや価値観が共有できる対等な立場にあるので、お互い親近感を持ち続けられます。

そして、この親近感こそが、強い絆をつくるのにとっても重要な要素なのです。

人間関係で一番重要なものは、じつはとってもシンプルです。それはお互いの「信頼関係」です。ただし、それは一朝一夕につくれるものではありません。この信頼関係とは、お互いが尊重し合い、助け合い、喜びを与え合う中でしか育まれてはいかないものなのです。

あなたは**仕事を離れたところで気の合う人が何人いますか**？

16 人間関係はキャッチボールのようなもの

もっともよい復讐の方法は自分まで同じような行為をしないことだ。

――マルクス・アウレリウス　ローマ帝国の皇帝

「人間関係は鏡のようなもの」という格言があります。

鏡に向かって微笑むと、鏡の中の自分が微笑み返してくれるのと同様、相手に対する感情をプラスのものに変えれば、相手もあなに対する感情を同様のものに変えるのです。

これは、見出しの「人間関係はキャッチボール」という法則に関係しています。

つまり、あなたが相手に強く球を投げれば、相手も同じように強く球を返す。これと同じで、あなたの接し方によって、相手の言動もそれと同じように変わってくるということをこの法則は言っています。

なぜ、こう断言できるのでしょう？　心理学的に説明をすると、私たち一人ひとりの心というものは海に浮かぶ小島のようなもので、その奥底、つまり海底に当たる潜在意識では、人は他人とつながっているという考え方があるのです。**相手に投げかけた「思い」は、良くも悪くもブーメランのように相手とつながっている自分に跳ね返ってくる**という図式です。

そして、じつはこの仕組みを活用していくと、良好な人間関係は築けるものなのです。弱い球を投げれば、相手も弱めの球を返してくるならば、あなたが率先して相手への感情を変えるのです。そうすれば、面白いように相手もあなたに対する感情を改善することでしょう。

それでは一体どう相手に接すればいいのでしょうか？　これはそんなに難しく考える必要はありません。

相手をほんの少し立てるよう配慮する、心情を察して、気配りや思いやりを持って接する、喜びを与えるようにするだけのことなのです。

これらができれば、あなたは良好な人間関係が築いていけるだけでなく「人脈」を「心脈（心の結びつき）」のレベルまで高めていくことすら可能になるでしょう。

あなたはいつも**相手にどんな球を投げていますか**？

17

人は大なり小なり「認められたい」という欲求を抱いている

口が一つなのに、耳が二つあるのは何故だろう。それは自分が話す倍だけ他人の話を聞かねばならないからだ。

——ユダヤの格言

昔、アメリカのある健康食品会社の社長が経営コンサルタントのアドバイスにしたがってユニークな実験を行ったことがあります。

各営業部署から一番営業成績の悪い営業マンを集めて、あるアドバイスをしたところ、一年後には売り上げがものすごく伸びたというのです。

その社長は一体どんなアドバイスをしたのでしょう？　成績次第では給料を劇的に上げると言ったのか、はたまた長期休暇をプレゼントすると言ったのでしょうか。

じつはどちらでもありませんでした。

その社長はただ、こう言ったのです。

「これから、君たちが売ろうとしている商品はものすごく重要なものだ。この商品に当社の命運がかかっているといってもいい。だから、とにかく私は君たちに期待をする」

要するに、その営業マンたちは社長の言葉を聞いて「自分たちはきわめて重要なポジションを与えらた重要な存在である」というしっかりした自覚を持ち発奮したという、たったそれだけの理由なのです。

これは人間の本能的欲求の一つである「自己重要感」と深く関係しています。**人間には「所属している場などで重要な存在であると思われたい」「他者から認めてもらいたい」という欲求がもともと強く働いている**ため、その欲求を満たしてくれる相手に対して、応えようとする習性があるのです。

健康食品会社の社長はこの習性を逆手に取ったというエピソードだったのです。

あなたも、**相手の自己重要感を高めるように心がければ、相手にこの上もない幸福感・満足感・喜びを与えることが可能になる**でしょう。

言い換えてしまえば、他人の自己重要感を高めるという行為は、いい人間関係を築くためには欠かすことのできない要因であると言えるでしょう。

18

「ほめ言葉」には魔力が潜んでいる

やってみせ、言って聞かせて、させてみせ、ほめてやらねば、人は動かじ。

――山本五十六　軍人

相手の自己重要感を高めることの重要性をお話ししましたが、相手の優れている点に焦点を当てる「ほめ言葉」の効用は相性の悪い人だけとは限りません。これはどんな相手に対しても同様の効果があると言えるのです。

ほめ言葉は使い方次第で、相手をいい気分にさせるだけでなく、やる気が倍増し、**ほめてくれた人との関係を大事にしようと考えるようになる**ものです。つまり**人の心まで動かせるようになる**のです。

この芸当に長《た》けていた人物が、明治の元老である山県有朋でした。

山県有朋は総理大臣になってからも、幕末、共に戦った奇兵隊時代の部下たちの顔と名前をちゃんと覚えていたのです。彼らと顔を合わせるたびに、いつもこんな言葉を投げかけていたそうです。

「おまえの長男は、東京帝国大学へ入学したそうだな。大したものだ。将来はきっと大物になるぞ」

「おまえのオフクロさんがこしらえてくれた漬物は、本当に美味しかった。機会があれば、また食べたいものだ。オフクロさんによろしく伝えてくれ」

要するに、山県有朋は恩師である松下村塾の吉田松陰を見習い、**身分の隔たりを問わず、誰に対しても「ほめる」ということを常に肝に銘じ実践していた**のでした。だからこそ、大勢の人間が「この人についていこう」と考えるようになり、そういった人のバックアップで彼は総理大臣にまで登りつめることができたのです。

人はほめてくれた人に好感を抱くものです。この原理原則は昔も今も変わりません。

あなたも、いい人間関係を築きたいのなら、「ほめ言葉の達人」を目指すくらいの気持ちを持ってみましょう。なぜなら、**「言葉」をただ投げかけるだけで、ここまで周囲の人が味方になってしまう**のですから。

あなたは**一日に何回人をほめていますか**？

19 いい人間関係を築く人は人の短所を長所に置き換えることができる

太鼓の音に足の合わぬ者を咎めるな。その人は別の太鼓に聞き入っているかもしれない。

――ソロー『森の生活』

昔、中国に『三国志』で有名な諸葛孔明という優れた軍略家がいました。その孔明の部下にとても暗い印象の男がいたそうです。おめでたい席でも、楽しい席でも、いつも悲しそうな表情をしていたというのです。

そんな男の表情を見るに見かねたのでしょう。あるとき孔明の側近が「あいつの顔を見ていると、こちらまで気分が暗くなってしまいます。いっそのこと、お役御免にしてはどうでしょう」と進言すると、孔明は次のように返答しました。

「確かに、あの男はいつも暗くて、悲しそうな表情をしているが、それはそれで長所にもなり得る。法事や弔問の使いにやるのに、うってつけだ。あの男がそういう場に私の使いとして顔を出せば、相手にこちらの誠意が伝わるというものだ」

このエピソードは何を物語っているのでしょうか？　**人間の短所と長所は表裏一体の関係にあるため、一見、短所に見えることも、その実、その人の長所になる場合だってある**ということを物語っています。

単に、相手の短所にばかり目を向けていれば、マイナスの感情ばかりどんどん拡大していき、それが態度になって現れてしまうでしょう。すると、対人関係にも悪い影響が出てきてしまいます。逆に、長所にだけ目が行けば、プラスの感情がどんどん膨《ふく》らみ、それが態度になって現れ、対人関係は好転していくでしょう。

ならば、相手の短所を長所に置き換える習慣を意識すれば、あなたの周りに嫌な人間はいなくなるのではないでしょうか？

「あの人は神経質だ」と思ったら、それは繊細で几帳面な証拠であると解釈する。

「優柔不断な人だ」と感じたら、柔軟性がある証拠であると解釈してみるのです。

相手の短所を長所に置き換える術さえマスターしてしまえば、相手の良い点・魅力はただただ広がり、苦手な相手すら好きになれることでしょう。

20

人に弱みを見せると共感される

笑われて、笑われて、つよくなる。

――太宰治『人間失格』

「私はアメリカに留学していたので、英語がペラペラだ。英字新聞を読むことなんか朝飯前で、ビジネス英会話だってお手のもの」

こんな話を自慢気に延々と聞かされたら、たいていの人はうんざりすることでしょう。

しかし、「私は中学生のころから英語が苦手で、英語がまったくしゃべれません。だから、海外にも行ったことがありません。じつはそれがコンプレックスの一つでもあります」と告白されたらどうでしょう。

たいていの人は、「まあ、大したことじゃないよ」と言って励ますだけでなく、何となく相手に好感を寄せるはずでしょう。

これはどうしてでしょう。理由は二つあります。

一つは、他人に弱みをさらけ出すことで、された相手の「自己重要感」が無意識に高まっていくからです。つまり「自分はこの人よりも優れている」「自分のほうが上である」という優越感が満たされるというわけです。

もう一つは、弱みをさらけだすという行為は、謙虚な態度であり、**人は謙虚な人間に対して理解や共感を示す性質がある**という理由からです。

それならば、良好な人間関係を築く一環として、取り繕《つくろ》ったり、格好をつけたりしないで、自分の弱みをどんどんさらけ出してしまうのも面白いかもしれません。公私を問わず「今、自分にはこういう悩みがあります」「こういったことで引け目を感じています」ということを周囲の人に告白してしまうのです。

もちろん、それは勇気のいることかもしれないし、バカにされたりするのではないかという不安だってつきまとうかもしれません。でもおそらく、それは取り越し苦労に過ぎないでしょう。**人は弱みを見せる人間に共感を示し、親しみを覚え「この人のためになってあげよう」という気持ちになる生き物**なのですから。

21

「ありがとう」は妙薬である

人に施したる利益を記憶するなかれ、人より受けたる恩恵は忘るるなかれ。

――バイロン　詩人

東南アジアにこんな民話があります。

昔、ある盗賊たちが民家を襲う計画を企てました。そして、白昼堂々と民家に押し込もうとしたのですが、民家の軒先で、その家の子供が虎に襲われている光景を目撃したのです。そこで、盗賊の一人が矢を放ち、虎はその場で絶命しました。すると、子供の両親は盗賊たちに向かって、「ありがとうございます。あなた方のおかげで息子は命拾いしました。本当にありがとうございます」と**何度もお礼の言葉を繰り返した**というのです。

金目のモノを盗むために押し込もうとしていたのに、お礼の言葉を言われたため、盗賊たちは拍子抜けしてしまいましたが、やがてこの言葉が彼らの心を一変させました。盗賊たちはそれまで周囲から恐れられ、嫌われるだけだったのですが、初めて感謝されたことで、すごく感激してしまい、以来彼らは心を入れ替えて、庶民を守る「虎退治専門」の猟師となって活躍したという結末です。

この話からは一つの教訓を得ることができます。

それは「ありがとうございます」という感謝の言葉には、相手の働きを労《ねぎら》い、存在感・価値観を認める効果があるため、言われたほうは、とてもハッピーな気分に浸ることができるということ。

あなたもこれから人に何かをしてもらったときは、**些細なことであろうとも、「ありがとう」という言葉を口ぐせのように用いること**をお勧めします。

「営業の第一線で活躍できるのは、上司や同僚や部下が、いつも支えてくれているからだ」「仕事に専念できるのは、家族の支えがあるからだ」といったように、誰に対しても感謝の気持ちが持てるようになれば、これはもうしめたものです。

そういう気持ちは、必ず相手にも伝わるものです。すると相手もあなたに対して同様の言動や態度を取るようになり、人間関係はどんどん円滑になっていくことでしょう。

あなたは**「ありがとう」を一日何回言っていますか**？

現実の見方が変わる言葉

Chapter 3

22

人生は「今」の連続体

人生を楽しませてくれてありがとう。

——本田宗一郎　本田技研工業創業者

以前、ある評論家がこんなことを言ったことがあります。

「世の中には不幸な人と幸福な人がいるが、私が知る限りにおいて、もっとも幸福な人生を歩んだのはホンダの創業者・本田宗一郎さんではないだろうか」

なるほど、その通りかもしれないと私は思いました。というのも、本田さんは死ぬ直前に、親しい人や家族に対して先の言葉を残しているからです。

本田さんは、いつも「今」という瞬間をポジティブに生き、楽しみ、「今」がつらいときは「明日」という希望に満ちた未来を楽しみに生きた人でした。

こういった気持ちはおのずと普段の姿勢・心がけとなって現れるものです。

自動車やオートバイの開発に行き詰まり、実験で失敗を繰り返したとき、本田さんは「よかった。これで成功する確率がまた一つ増えた」と明るく、前向きに考えたといいます。会社が経営不振に陥り、資金繰りに行き詰まったときも、「苦しいおかげで経営の勉強ができる。ありがたい。ありがたい」という気持ちで事に当たったといいます。

要するに、何が起きても、あくまで楽観的に考え、行動するように努めた。だから晩年に「楽しませてくれてありがとう」という言葉が口から出てきたのです。

言い換えると、うまくいっているときも、うまくいかないときも、**その瞬間・その時々をいかに「楽しむ」かが重要**なのです。

人生は「今」の連続体です。この瞬間を「楽しい」「面白い」「愉快だ」と感じることができる人にとっては、結局その姿勢が明日にもつながっていく、つまりは明日もいい日になってしまうのでしょう。

そして、そういう生き方ができるようになって始めて、幸福というものは感じ取れるようになるのだと私は思います。

23

「常識」こそ疑うべきである

「常識」の反対は、「独創的」である。

――田中耕一　ノーベル化学賞受賞者

「モーニングコールをお願いします」を英語で頼むときはあなたは何と言うでしょうか？たいていの場合は「モーニングコール、プリーズ」と頭に浮かぶでしょう。

前者は文法もスペルももちろん正しい。しかし、外国のホテルなどでは、「ウェイクアップコール、プリーズ」と言わないと通じない場合がほとんどです。

文法もスペルも正しいのに外国では通じないのは、モーニングコールは和製英語で、外国人には馴染みがないからです。

こんな例は私たちの日常生活にもそのまま当てはめることができます。

自分が身を置いている業界では通用すること、当たり前のことが、他の業界では非常識になる場合などは、かなりあります。

一つの業界や狭い世界に染まってしまうと、決まった角度からしかモノが見られなくなり、「まぁ、こんなものだろう」と一方的に物事を決めつけてしまう見方になりがちで、それはとっても危険なことです。

「最近似たような見方でしかモノを見ていない、ずっと無難なやり方しかしていない」とあなたが感じているのなら、異業種の人たちとの交流を積極的に持ってみましょう。モノの見方・考え方が違う人たちとの交流を深めるだけでかなりの刺激にもなります。

他の業界に身を置く人は、自分たちとは違った角度からモノを見るし、フレキシブルな考えや意見もそこでは聞けるでしょう。これはたとえば、書店などでジャンルの違う書棚に行ってみるだけで新たな刺激があるのと似ているかもしれません。

「なるほど、そういう見方もあるんだな」「こういう考え方もあるんだな」と、今まで自分が見落としていたことや発想も発見できるようになるでしょう。

少し意識をするだけで、新たな自己発見や豊かな人格形成につながる。やがて人生に大きな変化をもたらす、とても簡単な方法です。

24

人生はあなたが思った通りに展開する

環境は自分の心を写す「鏡」である。

——ジェームス・アレン　作家

こんな話があります。来年こそは脱サラして独立しようと考えているAさんとBさんは、あるとき、有名な占い師から「来年は二人とも運勢が最悪だから、脱サラを思いとどまったほうがいい」と言われたそうです。

一年後、二人は再会したのですが、その表情は対照的であったそうです。

「占い師の言葉が気になったので、脱サラは止めにしたよ。そうしたら、不運は続くもので、仕事で大きな失敗をやらかし、左遷の憂き目に遭うわ、交通事故に遭うわで、散々な年だったよ」

こう嘆くAさんに対して、Bさんはこう返答しました。

「僕は脱サラし、起業家としてまずまずのスタートが切れたよ。今年の運勢が最悪だと思ったから、これ以上、悪くならないと思ったからね。あとは良くなる一方だと今も信じているからか、何となく毎日が楽しいよ」

この話が教えてくれることは、**人生を決定するものは、占い師がいう「運勢」にあるのではなく、単にその人の「心構え」にある**ということに他なりません。

「人間とは、その人が毎日考えるそのものになる」とはエマソン（一九世紀の米国の哲学者）が言ったように、その人の人生は本人の思考にかかっているものです。

たとえば潜在意識には、驚くべき力があります。潜在意識はその人が考えていることを受け入れると、善悪を問わず、無差別にその考えを現実として現してしまう働きが備わっているのです。

つまり「何をやってもうまくいく」という前向きの気持ちがあれば、何事もうまくいくように潜在意識は働きますし、「何をやってもうまくいかない」という暗い気持ちがあると何事もうまくいかないように働くのが潜在意識なのです。

あなたは**どんな「心構え」で日々を過ごしていますか**？

25

「出世」「高収入」イコール、「幸福」？

どんな気持ちでどんな生活をしているか、それが人の幸福を決める。

――ドロシー・ロー・ノルト　教育家

幸福な人生とはどういった状態を指すのでしょう。

「高収入を得ること」

「起業家として活躍すること」

こう答える人もいると思います。

なるほど、出世して地位・名誉を獲得し、高収入が得られるようになれば、好きなモノは買えるようになるでしょう。物欲は満たされることでしょう。さらに「尊敬されたい、羨《うらや》ましがられたい」「脚光を浴びたい」という名誉欲ですら満たされもするでしょう。

しかし、**それが幸福な人生につながる保証は、じつはどこにもありません。**

いやむしろ、一歩間違えば不幸になってしまう可能性のほうが高いでしょう。

たとえば組織内で出世すればするほど、高収入を得れば得るほど、仕事へのプレッシャーは大きくなり、責任感・緊張感・ストレス・ライバルとの確執《かくしつ》は増え、人によっては、それが大きな精神的苦痛へと転じてしまうものでしょう。

起業家にしてもこれは同じです。起業家、すなわち経営者になれば、日々の激務に加えて、一切の責任はすべて自分でかぶらなくてはなりません。銀行からお金を借りるにしても、真っ先に自分の家を担保に入れるくらいの覚悟が要求されます。神経をすり減らすばかりで、気が休まる時間は持てなくなってしまうのが現実です。

こういう人生をあなたは幸福と呼べるでしょうか？

結局、**本人が仕事に生きがいを感じていなければ、成功は人を不幸な人生に追い込んでしまう**ことがあると私は思います。

あなたは**仕事に生きがいややりがいを感じていますか**？

26

人は知らず知らずのうちに自分の人生を決めている

運命はその人の性格の中にある。

——芥川龍之介　作家

「運が悪い。ツキに見離されている」

「人間関係も仕事もうまくいかない」

このように**人生がマイナスの方向に傾いている人たちの生活ぶりをよく観察すると、じつは一つの共通点を発見することができます。**

それは、「無理だ」「やる気が起きない」「つまらない」というマイナスの言葉を頻繁に口にしている点です。

では、なぜマイナスの言葉を口にすると、人生がマイナスの方向に向かうのでしょうか。

一番の原因は、マイナスの言葉は、マイナスの暗示であるため、それを多く口にすると、自分の耳を経由して潜在意識にインプットされてしまうからです。言葉というものは、その人の心の状態を象徴的に表現したものに他なりません。

そして**思考は現実化していくもの**なので、結局マイナスの現象ばかりが起こるようになるのです。

また、マイナスの言葉ばかり口にすると、マイナスの印象がそのままその人の印象になってしまい、他の人に不快感を与えてしまう点も見逃せません。

あなたと顔を合わせる度に「疲れた。身体の調子が悪い」「毎日がつまらない」「面白いことなんかない」という言葉を口ぐせのように言ってくる人がいたら、どんな気分でしょう？「こっちまで憂鬱《ゆううつ》な気分になってしまう」と不快になるのではないでしょうか。その人を「避けよう」とするのではないでしょうか。

何と**マイナスの言葉を使うだけで、仕事運や対人運まで低下していってしまうもの**なのです。

たとえば、自分はツイていないと感じているのなら、とりあえずマイナスの言葉だけでも慎むことを意識してみましょう。

たったそれだけのことなのに、今後の人生展開は確実に変わっていくことでしょう。

27 チャンスはどこから生まれる？

すべてが不可能と思われるときでも、敗北を受け入れてはならない。

――ロバート・シュラー　宗教家

ネガティブな現象の中からチャンスが生まれる場合もじつはかなりあります。

以前、大型の台風が日本列島を横断し、東北地方のリンゴ農園に壊滅《かいめつ》的な被害をもたらしたことがありました。このとき、農家の人が大いに落胆したのは言うまでもありませんが、一方で、大きなチャンスをモノにした人もいたのです。

あの大型台風に遭《あ》っても木から落ちないリンゴがいくつかあったのに気づいたある農家の人が「このリンゴは縁起物です。運のいいリンゴです。だから、これを食べると、あなたの運も落ちることはありません」といって売り出したところ、これ以上にない縁起物として、受験生の親たちがこのリンゴを求めて殺到したのです。

こういった「災い転じて福となす」という話は、身近でもよく耳にします。

・勤めていた会社が倒産したおかげで、今までよりも条件の良い会社に就職できた
・リストラに遭い、会社をクビになったが、そのおかげで脱サラ・起業を思い立ち、今ではかなりの月収を稼げるようになった
・ある出版社から本を出そうとしたが、ほとんどの出版社で断られてしまい、最後に扱ってくれた出版社から出た本が、ベストセラーになってしまったなど

したがってネガティブな現象に見舞われたからといって、必要以上にうろたえることは決してありません。もちろん失望したり落胆することもありません。冒頭の例ではありませんが、むしろ現象をそのまま受け止め、そこからプラスの要素をつかみ出し、それを活かせるよう考えることが大切です。

人間、生きている以上、完全に道が閉ざされてしまうことは、そんなにありません。**ほとんどが自分であきらめてしまっている**のです。それならば、自分さえあきらめなければ、やがて状況は変わっていく、そうは思いませんか？

28
人生でもっとも大切なのは失敗したときにどう対処するかである

失敗とは成功を味わい深くする調味料だ。
——トルーマン・カポーティ　作家

以前、ある出版評論家が新聞に興味深いコメントを寄せていました。

ベストセラーを次々と生み出す敏腕編集者が、その昔、まったく売れない本を何冊も手がけた経験があるという内容でした。つまりは失敗談です。

この編集者は失敗した仕事をそれで終わらせなかったのです。売れない本をつくったとき「なぜ売れなかったのか？」「どこに問題があったのか？」を徹底的に分析し、問題点を常に探り当てていったそうです。

「タイトルとテーマは良かったが、装丁や見せ方が悪かった」

「内容はものすごくいいのだが、文章が難解すぎた。もう少し、ソフトな文体にするべきだった」

これらを教訓にして、次の本づくりに活かすことを考え続け、ベストセラーを生み出す確率もグンと高くなったというエピソードです。

これは本づくりに限った話ではありません。失敗したら、次のように物事を考えるクセをつけることが大事でしょう。

①なぜ失敗したのか（原因究明）→②ここに問題があった（問題点摘出）→③次はこうしよう（改善策・解決策の探求）

要するに、失敗したら、まず「どうして」と、失敗の要因を探り当てる。次に「ここがいけなかった」と問題点を明らかにする。そうすれば、すんなりと解決方法が見えてくるという単純な理屈です。

失敗とは、成功にいたる方法論の間違いを告げる単なるメッセージなのです。

あなたは**失敗した後に一体何をしていますか**？

29
考えても解決しない問題は いくら考えても解決しない

明日は明日の風が吹く。
――マーガレット・ミッチェル『風と共に去りぬ』

昔、テレビで観たのですが、九五歳を超えたお年寄りで、ものすごく元気で、活力と情熱に満ちて、行動的な人がいました。

そのお年寄りにアナウンサーが「どうしてそんなに元気なのですか？　秘訣を教えてください」と質問したところ、じつにシンプルな答えが返ってきたのです。

「そんなに難しいことではありません。**私はただ、心配しないようにしているだけ**です」

要するに、物事にこだわったり、小さなことでクヨクヨしない、これがこのお年寄りの長生きの秘訣だというのです。

ところが、現代を見渡すと、その逆の生き方をしている人がものすごく多いのに驚かされます。しかも、**その大半の人が単なる「取り越し苦労」で思い悩んでいます。**

人はなぜ、取り越し苦労に苦しむのでしょう。それはトラブルやアクシデントに遭遇することをただ恐れているからなのです。

そこで、私は「トラブルやアクシデントは物事につきものである」と割り切って考えてみることをあなたに提案します。

たとえば、「死」を考えてみましょう。今のあなたがどんな病気で死ぬかは、まずわかりません。それどころか病気で死ぬとも限らない。交通事故で死ぬかもしれないし、地震で死ぬかもしれません。しかし、そんなことばかり考えていても、気が滅入るだけで、問題は決して解決しませんし、何らいい事も起きないのです。

人生もまるで同じです。今現在物事にこだわり続けても**将来は今の連続なので、やっぱり問題を考え続ける毎日になるだけ**なのです。

ならばすべてを気軽に考えてみたらどうでしょう。

こんな考え方一つで健康や長寿にもいいというのは本当に驚きではありませんか。

30 自分という人間は自分の運命の主人公であり支配者である

運がいい人とは、自分のことを〝運がいい人〟と思っている人のこと。

――松下幸之助　松下電器産業創業者

周囲の人を見渡してほしいのですが、顔を合わせるたびにグチばかりこぼす人はいないでしょうか。

「毎日がつまらない」「楽しいことなんか何もない」という言葉を口ぐせのように発している人がそうですが、こういう人は「運命の奴隷」にしかなれません。なぜならマイナスの現象にただ押し流されるだけで、何一つ抵抗できないまま人生を過ごしているからです。

では、どうすれば奴隷の状態から解放されるのでしょうか？

方法はいたって簡単です。「自分こそ運命の主人公であり、支配者である」という言葉を唱えるだけでいいのです。

ここでは宿命と運命の違いを理解しておく必要があります。宿命はその人が生まれ持った先天的な要素、たとえば「男として生まれた」「血液型はB型である」といった事柄を指します。もちろんこれらはどうあがいても変えることはできませんので受け入れるしかありません。

しかし運命は違います。自分自身の考え方と行動によって、いくらでも良い方向に変えていくことができるものです。つまり運命は宿命と違い、後天的な要素でできているのです。

したがって今どん底だからといって、悲嘆に暮れる必要は何一つないのです。人は誰でも、考え方と行動次第で状況をいくらだって好転させていくことのできる「運命」を持っているからです。

「未来」とは今現在のその人の考え方に大きく依存しているものです。だからあなたさえ考え方を変えてしまえば、確実に大きく変わる性質のものなのです。

運命をどう彩るかは、結局その人本人の心構えに依拠している事柄なのです。

あなたは**「未来」にどんなイメージを持っていますか**？

自分の見方が変わる言葉

Chapter 4

31
私たちの内部に存在する天から与えられた「偉大なる財宝」とは？

他人がより以上幸福であるということに苦しめられるならば、人はけっして幸福ではありえぬ。

——セネカ『憤怒について』

北欧にこんな寓話があります。

あるとき、一人の大工が猟師に向かってこう言いました。

「いいなあ、キミは狩りがうまくて……。食べるのに不自由しないね」

続けて、畑を耕している農夫に向かってこう言いました。

「いいなあ、キミは野菜がたくさんつくれて……。食べるのに不自由しないね」

さらに、漁師に向かってこう言いました。

「いいなあ、キミは魚を捕るのがうまくて……。食べるのに不自由しないね」

すると、猟師と農夫と漁師は口をそろえて、大工に向かって、こう言ったのです。

「いいなあ、キミは家をつくれて……。だって、そのおかげで、冬は寒い思いをしないですむし、外敵から身を守ることだってできるのだから……」

さて、この話は何を語っているのでしょう。人間にはそれぞれその人ならではの個性・才能というものが備わっていて、**自分と他人の個性や才能を比較するのはまるでナンセンスである**ということを強調したいためのエピソードなのです。

人はよく「あの人のように仕事ができない」といって嘆いたり、落ち込んだりすることにばかり目が行きがちです。しかし、そんなことでクヨクヨする暇があったら、自己特有の才能を信じて、それを活かす手立てを考えたほうが人生は開けると思いませんか?

例えばそれは芸術的な才能かもしれません。人の心を動かすセールス・トークかもしれないし、説得力に満ちた文章力かもしれないのです。

あなたにとって、それが取るに足らないことであっても、端から見れば、財宝のように見えるものだって、先のエピソードではありませんが本当にあるのです。

人は、一人一人の顔が違うように、才能にも違いがあるものです。あなたはじつは素晴らしい才能を持って生まれてきた存在なのです。このことは何があっても決して忘れてはなりません。

32 意外な才能を発見する方法は苦手や困難なことの中に潜んでいる

チャンスはいつも意外なところからやってくるという皮肉な習性がある。したがって人々はそれを見逃してしまうことが多い。

――ナポレオン・ヒル『名言集』

こんな話があります。

アパレル・メーカーで経理の仕事をしているAさんという男性がいました。そのAさんにあるとき、人事異動が下り、営業部に配属されることになったのです。

Aさんはこれに大いなる戸惑いと抵抗を感じました。これまで、営業の仕事をしたことなど一度もなかったし、対人恐怖症の気もあったからです。

「経理がやりたくて入社したのに、なぜ、営業の仕事をしなければならないのか」

そんな不満を抱えながら営業の仕事を始めたAさんでしたが、これが幸運を呼ぶ結果となったのです。対人恐怖症で口下手な性格を逆手にとってお客さんの話を聞くように意識したら功を奏し、さらに根が真面目で誠実な対応が気に入られたようで、お客さんが好感を持ってくれるようになり、瞬く間に営業成績が伸びていったのです。

今現在、Aさんはその会社の取締役営業部長という要職に就いています。

この話を通して何を伝えたいかというと、恐れていることや苦手なことでもまずチャレンジしてみれば、自己特有の才能が発見できることもあり、道が開ける場合すらあるということです。

実際、世の中を見渡すと、「文章を書くのが苦手だと思っていたのに、商品のコピーを考えたら、上司がものすごく評価してくれ、それがきっかけで、コピーライターへの道を歩み始めた」とか「陸上競技も球技も苦手で、運動神経が鈍いと思っていたが、水泳を始めたら、めきめきと上達し、今ではスイミングスクールのコーチをしている」という人は結構います。

あなたももし恐れていることや苦手なことがあったとしたら、まずは「ダメで元々」という軽い気持ちでとにかくトライして欲しいのです。案外、自分で気がつかなかった意外な才能が発見できるかもしれません。**ダメと決めつけてしまう前に、まずやってみることも大事なこと**なのです。

33

あなたは自分の力が出し切れていないだけである

最大で最悪の不運？　なるほど、そいつは実に素晴らしい！
それこそ、君が成功するために与えられた最高の贈り物だ。

——トム・モナハン　ドミノピザ創業者

今ではまったくお目にかからなくなりましたが、昔（戦前〜終戦直後）の教師は、水泳の時間になると、生徒たちを川や池の深みに連れて行って「自分で泳げ」と、教え子たちの手をパッと放したことがたびたびあったといいます。

満足に水泳のイロハもわからない子供たちが、背の立たない水の中に放り出されたらたまったものではないでしょう。溺れないように、アップアップしながら、必死にもがく。しかし、教師はよほどのことがない限り、手を貸そうとしない。ひたすら見守るだけなのです。

それは、生徒たちの中に宿っている力を信じる一方で、「助けてくれる」「手を貸してくれる」という生徒たちの依存心を捨てさせるための行為でした。事実、そうやって、昔の子供たちは水泳のコツをマスターしていったといいます。

私たちの人生においても、じつはこれと同じことが大切ではないでしょうか。

「人間は普通の状態では、限られた能力しか使っていない。しかし、**窮地《きゅうち》に追い込まれたとき、絶体絶命のピンチに追い込まれたとき、全能力を出し切るようになる**」

これは、アメリカの心理学者ウィリアム・ジェームズの言葉です。

「あの人だったら助けてくれるかもしれない」「いざというとき、あの人は頼りになる」という依存心を捨て、自分の中に宿る能力を信じ、それを出し切ろうと決意したときにこそ、道というものは開けるものなのです。

仕事でも「これは誰かの力を借りないとできそうにもない」「あの人に協力してもらおう」と考えず、「自分の力で必ず成し遂げてみせる」と強く自分に言い聞かせた場合、あなたが本来備えている能力がフルに稼動し始めるため、壁を乗り越えることがようやく可能になるのです。

依存心を捨て、自分に内在する能力を出し切るようにしてみる。これこそ飛躍・発展、さらには成功の第一歩となることを決して忘れないようにしてください。

34 あなたの才能はどこかで誰かが必ず必要としている

才能が一つ多い方が、才能が一つ少ないよりも危険である。

——ニーチェ　哲学者

インドにこんな寓話があります。

あるとき、一匹の象が仲間たちとはぐれ、迷子になり、猿たちが暮らす村へ迷い込んだのです。ところが、猿たちは誰も象に近づこうとはしなかったのです。その理由を尋ねると、猿の長老はこう答えました。

「お前さんは図体が大きいから、近寄ると、押しつぶされてしまうんじゃないかとみんな警戒しているんだ」

ショックを受けた象は、村を出て、次に、リスたちが暮らす村へたどり着いたのです。

「どうせ、自分の図体はでかいから、ここでも何も近寄ってこないだろう」

そう思った象でしたが、意外にも、リスたちは象の側へ近寄ってはひんぱんにしゃべりかけてきました。その理由を尋ねると、リスの長老はこう答えました。

「おまえさんはものすごく立派な外見をしている。じつにたくましい身体をしている。だから、みんな、外敵から守ってくれるかもしれないと期待しているんだ。よかったら、このままずっと、われわれと一緒に暮らしてもらえないだろうか」

この話からは一つの教訓を得ることができます。それは、外見に限らず、**その人の才能は、一カ所で不要とされてもどこかで必ず誰かに必要とされる**ということです。

ですから、「私には学歴がない。営業成績も悪い。人づきあいも苦手だ。いいところなんか一つもない」といって嘆き悲しむことなどは早急で、まるで意味がないのです。

たとえば制作のような仕事に就けば、クリエイティブなセンスを発揮して、仕事ぶりが評価される可能性があるかもしれないし、同じ営業でも転職した途端、営業成績がグンと伸びた例はいくらでもあるのです。

インドの寓話ではありませんが、**役立たずの人間などどこの世に一人も存在しません**。生きていること自体、あなたの存在自体が、すでに誰か、もしくは何かの役に立とうとしている、という真実を受け止めて欲しいのです。

35 気持ちは明るく転じられるもの いとも簡単に

幸運といい、不運といい、それは後になって言えることである。

——大川博　実業家

人間は誰でもメガネをかけているもの。こういうと、中には「自分は視力がいいから、メガネなんてかけていない」という人もいるかもしれません。ここでいうメガネとは、個々の自分勝手な思い込み、すなわち〝心の色メガネ〟のことを指します。

精神科医のアドラーは、この色メガネのことを「認知バイパス」と呼んでいます。わかりやすい例を挙げますと、ある男性が「みんなから嫌われている」という色メガネをかけていたとします。そして、道を歩いていたら、向こうから知り合いの女性が歩いてきたので、軽く会釈をしようとしたら、相手がそっぽを向いたとします。すると、彼は「やっぱり、私は嫌われているのだ」と解釈するはずです。

しかし、その女性がそっぽを向いた原因が、「コンタクトレンズをつけ忘れていたから」、あるいは「考えごとをしていたから」だとしたら、これは彼の単なる思い過ごしということです。

この例に限ったことではありませんが、私たちはたいていのことに対して色メガネをかけて見ているものです。つまり、**良くも悪くも、人は自分勝手に世の中を判断している**のです。

しかし、こんな見方ばかりだと先入観や固定概念が増すばかりで、思考の柔軟性は薄れてしまいます。

そこで、思い当たるフシのある人は、物事を一点から見つめるのではなく、「こういう見方もあるんだな」と、多面的な角度から考察することをぜひ試してもらいたいのです。

要は常に発想の転換を心がけるのです。たった、それだけのことでも、ネガティブな感情は薄れ、自分勝手な思い込みをすることがかなり減っていくことでしょう。

あなたはいつも**何色のメガネで物ごとを見ていますか**？

36 プラスの言葉は人生をプラスの方面に導いてくれる

幸福であろうと思えば、「こうでさえあったらなあ」という言葉をやめて、その代わり、「今度こそは」という言葉に変えなさい。

——スマイリー・ブラントン　医師

マイナスの言葉を頻繁に口にすると、人生がマイナスの方向を向いてしまうと前に述べました。では、どうやって改善していけばいいのでしょうか。初めのうちは抵抗を感じるかもしれませんが、**プラスの言葉をひたすら連発すること**をまずやってみて欲しいのです。

仕事のプロジェクトが暗礁に乗り上げたときでも「大丈夫。このプロジェクトは必ず成功する」、身体の調子がおもわしくないときも「私は元気だ。今日も頑張るぞ」といったように、発奮する言葉、元気になる言葉、明るく前向きな気分になる言葉を無理してでも口にしてみるのです。

中には「身体の調子が悪いのに、元気だなんて言えるか！」と反論する人もいるかもしれません。

なるほど、そう思う人の気持ちもわからなくはありません。そこに不自然さを感じるのは当然のことでしょう。しかし、プラスの言葉を習慣になるまで続けていけば、やがて勝手も違ってきます。**自分の発した言葉は自己暗示となって潜在意識にインプットされる**ため、考え方や行動も次第に言葉となじむようになっていくのです。

ただ、そうはいっても、不快なことがあったり、ツイていない日は、ついうっかりして、マイナスの言葉を口にしてしまうことだってあることでしょう。

そういうときは、間を置かず、その三倍、プラスの言葉をつけ加えてみましょう。たとえば、仕事が暗礁に乗り上げ「ダメかもしれない」といった言葉を口にしてしまったら、その後、こんな言葉を立て続けにつけ加えるようにするのです。

「でも、視点を変えれば、可能性が見えてくるかもしれない」

「大丈夫！　このプロジェクトは必ずうまくいく。ハッピーエンドで終わる」

このように言葉を変えていけば、マイナスの感情すらプラスの感情へと変わっていきます。まずはだまされたと思ってやってみてください。必ず効果は現れますから。

37 言い訳をやめると勝利を勝ち取ることができる

愚痴はどんなに高尚な内容でも、また、いかなる理由であっても決して役には立たない。

——エマーソン　思想家

これは現在、実業家として活躍しているAさんがサラリーマンだったころの話です。

Aさんはある商社で営業の仕事をしていたのですが、役員会議の席でプレゼンテーションをしなければならないという日に、会議の時間に三〇分ほど遅れてしまったことがありました。人身事故の影響で電車のダイヤが大幅に乱れてしまったからです。

こういうとき、普通の人なら「すみません。今朝、人身事故があってダイヤが乱れてしまい……」といって言い訳をすることでしょう。

しかし、Aさんは違っていました。

「私がもう一時間、早く出社するように心がけていれば、会議の時間に遅れることはありませんでした。非はすべて私にあります。本当に申し訳ございませんでした」と、いっさいの言い訳をしなかったのです。

これを目の当たりにした同僚が「キチンと遅れた理由を説明すればいいものを……」と言うと、Aさんはこう答えました。

「**一度、言い訳をすると、何事に対しても責任を取ろうとする自覚がなくなってしまう。**だから、私はいっさいの言い訳はしないようにしているんだ」

以来、Aさんは、毎朝、誰よりも一時間早く出社するようにしたのです。

Aさんのこうした姿勢は、多くの教訓を与えてくれています。言い訳は、どんな理由があるにしても責任逃れに他なりません。これが習慣になってしまうと、Aさんの言葉にもあるように、何事に対しても責任を取ろうとする自覚がなくなってしまう。つまり、そういう人はいつまでも成長できなくなってしまうのです。

また、言い訳は見苦しいものです。言い訳ばかりしていると「あいつにはまったく責任能力がない」ということになり、周囲の人からの評価はどんどん下がる一方でしょう。

グチや悪口同様、言い訳は不幸を呼ぶ呪文のようなものなのです。

あなたは**一日に何回言い訳をしていますか**？

38

週末を制する者が「やりがい」を制す

一番多忙な人間が一番多くの時間をもつ。

——アレクサンドル・ビネ　神学者

もしあなたが「休日は、一日中、競馬に熱中する」「お酒を飲んで寝てばかりいる」というのであれば、今すぐそうした習慣を改めたほうがいいかもしれません。

なぜなら、週休二日制が定着したこの時代、週末こそが「生きがい」や「やりがい」の創造に向けて、エネルギーが注ぎ込める最適の時間であるからです。

つまり、その時間をいかに有効活用するか否かで、「生きがい」が遠のいたり、近づいてきたりもします。

たとえば、公認会計士の資格を取得して、会計事務所を開きたいと思っていたら、何はともあれ勉強する時間をつくってみましょう。

将来、海外で暮らしたいと考えているならば、来たるべきときに備えて今から英会話の学校に通ってみるのもいいかもしれません。

ケーキのお店を開きたいと考えている人は、料理学校へ通ったり、自宅のキッチンでオリジナルのケーキづくりにトライしてみるのもいいでしょう。

また、書店や図書館などへ行き、自分のやってみたいことと関係のある本があるかどうかをチェックすることもしてみましょう。パソコンを持っている人ならばインターネットで最新の情報を拾い出し、好みに合ったサークルや勉強会に顔を出し、生の情報を入手する方法だって考えられるでしょう。

いずれにしても、**週末という仕事から解放された時間を有効に使うことが、とても重要な時間の使い方**であり、その積み重ねが生きがいの創造につながっていくことを忘れないようにしましょう。

そういった時間が多ければ多いほど、あなたは生きがいに一歩ずつ近づいていくことになるのです。

あなたは**週末を何をして過ごしていますか**？

39 良い習慣でも悪い習慣でも選ぶ権利はあなたにある

思うに、快楽に耽《ふけ》る人生ほど、快楽から遠いものはない。
――ロックフェラーJr.　篤志家

以前、テレビを観ていたら、ある番組で主婦がこんな告白をしていたのです。

その主婦はパチンコ狂いの友人を見て、「自分はああだけはなりたくない」と思っていたのですが、あるとき、パチンコ店のトイレを借用したついでに「ちょっと数百円ばかり……」という気持ちで台に向かったが最後、大当たりを体験してしまったのです。

初めのうちは、パチンコに悪いイメージしかなかったのですが、大当たりを味わい、その念が薄らいだのです。「もう一回だけ」と回数を重ねていくうちに、パチンコをしないと、とうとう一日が空しく感じてしまうようになったというのです。

この話などは悪い習慣にはまってしまう典型例といえますが、ここで忘れてならないのは、**習慣はどんなものであれ、一度身につくと、自分の意志や理性だけでは容易に変えられない**ということです。なぜかというと、そこには潜在意識が深くかかわっているからです。

つまり、この主婦の例ではありませんが「パチンコをすることは好ましくない」ことが理性ではわかっていても、潜在意識でパチンコをする快感を覚えてしまったため、どうしてもパチンコをしないではいられなくなってしまったのです。

しかしながら、いったん身についた習慣が容易に変えられないとしたら、「逆は真なり」で、**良い習慣もそうそう変えられはしないということ**もあります。たとえば成功者の良い点をどんどん見習い、それを日常生活の中に取り入れていくことはかなり意味のあることではないでしょうか。

「いつも笑顔を絶やさないでいよう」「いつも明るい言葉を使おう」「何事もプラスに解釈しよう」

こういったことを習慣化させるだけで、その人の性格はおのずと良い方向に改善され、そのぶん、人生もいい方向に向かって回っていくようになるでしょう。

あなたは**毎日どんな習慣を行っていますか**?

40
困難に打ち勝つ免疫力さえあれば人生はグンと飛躍発展する

恐れを心から払いのけたら、ひどく悪いことは起こらなくなる。

――マーガレット・バーク・ホワイト　報道写真家

世界遺産に登録された屋久島に、推定樹齢七五〇〇年といわれている縄文杉という巨木があります。世界一長寿の木といっていいでしょう。

通常の杉の寿命は三〇〇年といわれているのに、どうしてこんなにも長く生き続けられたのでしょう。それは通常の杉に比べると免疫力が非常に強いからです。

屋久島は雨量が多く、地上に蓄積された養分がすぐに雨水によって流されてしまうため、土壌の栄養分がものすごく乏しいのです。つまり栄養分が乏しい土壌であっても生き永《なが》らえるだけの強い生命力が要求されます。そのため、必然的に厳しい環境を乗り越えるだけの免疫力がついていったのです。この免疫力をつけられたからこそ、この木は七五〇〇年も生き続けられてこられたのです。

同じことは、われわれ人間にも当てはめられるでしょう。

多くの人は「毎日が平穏無事であればそれでいい」「順風満帆に暮らせればそれでいい」と考えていますが、**それだと〝困難に打ち勝つ免疫力〟というものはなかなか育ちません。**これではちょっとしたピンチに見舞われたらすぐに挫折してしまいます。

しかし、**苦難の連続でもしっかりと自分を信じていけば〝困難に打ち勝つ免疫力〟が自然と宿る**ようになり、免疫力ならぬ能力が開発されるようになるのです。人間性だって鍛えられるし、多少のことがあっても動じなくなります。周囲がバタバタ挫折したり、あきらめたりする中で、生き延びて飛躍・発展する可能性が高まるのです。

だから、物事が順風満帆にいかないときこそ「今、私は困難に打ち勝つための免疫力をつけている時期だ」と自分に強く言い聞かせるべきです。

そう意識をしていくだけで、大きなピンチに見舞われても、それに打ち勝ち、乗り越えていくだけのパワーが備わっている自分にやがて気がつくはずです。

あなたは**ピンチのときにどんな態度を取っていますか**？

41

明日への活力は一日の終わりに自分を労《ねぎら》ってあげることで簡単に生まれる

人生では一日ごとに贈り物がもたらされる。

——マルクス・ワレリウス・マルティアリス　詩人

毎朝、満員の通勤電車に揺られ、職場に着くやいなや、仕事と格闘する毎日を送っていれば、誰だってストレスが溜まってしまうし、疲労困憊《こんぱい》するものでしょう。

そんなとき、上司から、「いつも頑張って仕事をしてくれてありがとう」「お疲れ様」などと言われれば、それだけでホッとすることでしょう。

「頑張った甲斐があった」と充実感や満足感にひたることもできるでしょう。これはなぜかというと、**人からの労《ねぎら》いの言葉には、心身が癒される効果がある**からなのです。

この作用を自分でも活用しない手はありません。快適な生活を送るためにも、退社して家に戻ってきたら、自分で自分を労《ねぎら》ってあげるのです。

「お疲れ様でした」「今日も一日ご苦労様」「よく頑張った」など、鏡に映った自分に向かって声を発することが大きなポイントです。声を出して自分をいたわってあげれば、やがてそれらがプラスの暗示となって心の奥底に浸透していき、疲労感も緩和されるという仕組みです。

また、「今日はとにかく一生懸命仕事をやった」「今日は大きな商談をまとめることができた」という日は、労《ねぎら》いの意味をこめて、自分にプレゼントをあげるのもいいでしょう。

甘いモノが好きなならば、ちょっぴり高価なデザートを食べる。

欲しい服やグッズがあったら、高くても思い切って購入する。

このように、**自分にご褒美を与え、心と身体をいたわれば、人間は再び活力が湧いてくる生き物なのです**。簡単に「明日も頑張ろう」という気持ちにもなることでしょう。

たとえ、それがささやかな処方箋だとしても、疲れた心に栄養分を補給したことになります。

あなたは**一日の終わりに、自分に何かいいことをしていますか**？

42

健康体を望むなら「当たり前のこと」に着目しよう

幸福はまず何より健康のなかにある。

――G・W・カーチス　ジャーナリスト

茶道の大家として知られ、織田信長や豊臣秀吉にさえ大きな影響を与えたといわれている茶人に千利休《せんのりきゅう》がいます。その利休のところへ、ある一人の大名が訪れ「茶道とは何か？　教えてください」と尋ねたことがありました。

このとき、利休はこう答えたといいます。

「部屋の中はきれいにしておき、冬は暖かく、夏は涼しくしておき、花を生け、茶は熱くもなく温《ぬる》くもないように立てることが大切です」

利休の意外な言葉に、「それくらいのことは誰でも知っています」とその大名が反論すると、利休は教え諭すかのように、こう返答したといいます。

「わかっていてもできないのが人間というものではないでしょうか？」

さて、利休の言葉は、茶道のあり方だけでなく、人間の健康を阻《はば》む本質をも突いているといっていいでしょう。

「わかっていること」と、それを「実行すること」はまったくの別物で「こうすれば健康でいられる」ということが頭ではわかっていても、それを実行に移すことがなかなかできないからです。

食生活のバランスが大切であるにもかかわらず、食べ過ぎてしまう。早寝早起きが健康にいいのがわかっていても、深夜まで起きている。深酒をしてしまう。タバコを吸う。

これならばいくら運動しても、あるいはサプリメントを飲んでも、身体の調子が悪くなるのは当たり前でしょう。そこで、まずは、その当たり前のことを実行することだけ考えてみましょう。正しい生活習慣を身につけるよう意識するだけでも、健康にかなり影響が出るものです。

いくら成功を収めたとしても、健康でなければ元も子もないということを忘れないようにしましょう。

夢や希望の見方が変わる言葉

Chapter 5

43

幸福とは身近なところに存在するのであってどこか遠いところに存在するものではない

それ自体の不幸なんてない。自ら不幸を思うから不幸になるのだ。

――アルツィバーシェフ　作家

法華経の中にこんな話があります。

あるとき、一人の貧乏人が金持ちの親友の家を訪ね、たくさんごちそうになり、酔った勢いで、そのまま眠ってしまったことがあったそうです。このとき、親友は急用のため、遠くに出かけなければならなくなったのですが、貧乏な友人が哀れに思えたのでしょう。高価な宝物を友人の着物の裏に縫いつけておくことにしたそうです。

それから数年後、二人は再会を果たしたのですが、友人は相変わらず貧乏な格好をしていました。そこで、金持ちの親友は彼にこう告げました。

「君が楽に暮らせるように高価な宝物を着物の裏に縫いつけておいたのに、どうして、それに気づかなかったのだ。そうすれば、惨《みじ》めな暮らしをしないで済んだものを……」

さて、じつはこの話に登場する金持ちの親友とは「仏」のことであり、貧乏な友人とはわれわれ「人間」のことなのです。

要するに、**仏は私たち人間が幸福に暮らしていけるように、すでに宝物を授けてくれているの**に、人間はその宝物に気づこうとせずに「不幸だ」と嘆き悲しんでばかりいるということを、この説話は物語っているのです。

その宝物とは、自分特有の才能かもしれなければ、仕事で培《つちか》った技術かもしれません。今、勤めている会社かもしれないし、あるいは愛する家族かもしれないのです。

もうおわかりかもしれませんが、**幸福とはそういった身近なところに存在するのであって、遠いどこかに存在するものではない**のです。

あなたもこれを機会に自分の宝物を探してみるといいかもしれません。

メーテルリンクの『青い鳥』ではありませんが、幸福とは日常の何気ない場所に潜《ひそ》んでいることに気がつくかもしれません。そして、その幸福はあなたによって探し出されることを心待ちにしている場合だってあるのですから。

あなたが**幸福を感じるものは一体何ですか**？

44 「できない」という意識は「やること」で消えるもの

ただ続けなさい。
やり続けたら誰でも上達する。
——テッド・ウィリアムズ　野球選手

最近、テレビで放送していたのですが、今どきの若い女性のおよそ半数近くが料理が苦手だそうです。さらに、そのうち一割近くの女性はまったく料理をつくったことがないとのこと。

しかし、そんな彼女たちだって、料理が一生できないままで終わることはないでしょう。なぜならば、好きな人と結婚し家庭を持つようになれば、やらざるをえない状況に立たされるからです。ましてや、子供が産まれたなら、「料理が苦手」などとは言っていられなくなります。子供のためにお弁当をつくらなければいけないし、そうなるといやが応でも、料理をマスターせざるを得ないからです。

つまり、最終的には「料理ができない」が「できる」にならざるを得ない。

この考えを、人生や仕事全般にもそのまま当てはめてみましょう。

あなたが英語を苦手としていたら、外国に行く気になって勉強すれば、今からだって英語力はアップするようになるでしょう。

また、あなたが文章を書くのを苦手としていたら、それは今までキチンとした文章を書いてこなかったからであり、この先、文章を書く技術を学べば、ある程度はキチンとした文章が書けるようになるでしょう。

要するに、「できない」という人は元からできないのではなく、単にやっていないだけがほとんどなのです。そのことをなおざりにしてきただけのことなのです。

ならば「できない」と思っていることにトライしてみましょう。やらざるを得ない状況に自分を追い込んでみるのも手です。その道のエキスパートを目指せというわけではないのですから、やり続けていけば、それなりにできるようになるのです。

何が言いたいかと言うと、あなたが**「できない」と思っている意識は、ほとんどがやることによって消滅していくもの**、ということです。

今まで**やってこなかっただけで「できない」と思ってしまっていることは何ですか**？

45 空想でも真剣に願い続けるとすべては実現するよう転じていく

すべてのことは願うことから始まる。
——マルチン・ルター　宗教家

この世で**常識ほど当てにならないものはない**でしょう。

今現在、常識だと思っていることでも、これから一〇年先、五〇年先、一〇〇年先には非常識になってしまうことだってあるのです。

ガリレオの唱えた地動説にせよ、エジソンの様々な発明にしても、最初は周囲から反感を買ったり、バカにされたり、弾圧されたりしたのですから。

飛行機を発明したライト兄弟も、二〇世紀初頭、彼らが「空を飛ぶ機械」の発明に勤《いそ》しんでいたころ、周囲は彼らを狂人扱いしたことすらあったのです。

「人間が空を飛ぶなんてバカげている。あの兄弟は正気の沙汰ではない」

しかし、それから一〇〇年以上経った今、われわれは「空を飛ぶ機械」のおかげで、直行便を使えば、世界の主要都市には二四時間以内で行けるようになりました。

最近だと携帯電話の登場がこれと同じです。

今から五〇年前に、アメリカのある科学者が「近い将来、われわれは外を歩きながら電話で人とやり取りができるようになるであろう」と論文で発表したとき、他の科学者たちはこぞってこう非難しました。

「技術的に不可能に近い。誇大妄想もいいところだ」

「仮に開発することに成功しても、かなり高価なモノになる。一般庶民が気軽に使えることはまずあり得ない」

しかし、その後、技術的な問題は難なくクリアにされ、今では多くの人が携帯電話を保有するようになったのは周知の通りです。

このように、最初は空想であっても、周囲からどんなにバカにされたとしても、あなたの夢や願望が真剣でありさえすれば、それはやがて現実となっていく可能性はあるのです。

先の例ではありませんが、**あらゆる発明は、もともと単なる空想から始まったものばかりなのですから。**

46 宇宙に存在するもっともパワフルなエネルギーを使う法

いのちがけでほしいものをただ一ツに的をしぼって言ってみな。

——相田みつを　詩人・書家

夢を実現したいのなら、まずは願望を掲げることの意義は、前項で説明しました。

次は願望を掲げたらそのことを強く思い続けることの重要性について説明しましょう。

「心の内部に自分が希望することを常に繰り返し刻み込もう。そうすれば、やがて希望は達成される」

これは、フランスの心理学者エミール・クーエの言葉ですが、私たちが強く思い続けたことは、「想念」となって潜在意識に刻み込まれ、それを受け取った潜在意識は想念の内容にそって、現象を顕現させようとする性質があるのです。

この性質をフルに活用し、願望達成に役立てるには、

「私は必ずトップセールスマンになる。トップセールスマンになる……」

「公認会計士の資格を取る。公認会計士の資格を取る……」

といったように、願望を子守唄のように毎日繰り返し唱えてみるのです。

一回に費やす時間は一〇秒でも二〇秒でも構いません。ただし、それを一日に何回も行うようにするです。それが無理なら、夜、寝る前に集中的に行ってみましょう。そうすれば、想念は確実に潜在意識に浸透していき、想念を受け取った潜在意識はいろいろな合図を出して、その目的にかなった行動を取るようあなたを導いてくれるでしょう。

「ある人と会話していたら、新商品の開発に欠かせない素晴らしいアイディアが湧いてきて、その通りに実行してみたら、大ヒットした」

「ある場所に顔を出したら、偶然、ある人と親しくなり、その人の紹介で、条件のいい会社に転職ができた」

といったように、意外なときに、意外なところ、意外な方法によって願望達成に欠かせない情報、アイディア、お金、人脈などを、どんどん吸い寄せてくれるようになるのです。

夜眠る前に、特に何もしていないとしたら、まずはこの方法を試してみてください。必ずやすごい効果が現れることでしょう。

47 等身大の願望達成で得たエネルギーが大きな願望達成の原動力となる

一歩一歩はい上がるのは冒険家ではなくて、幸福を追っかけている男のすることだ。
——ナポレオン・ボナパルト　軍人・政治家

願望が真剣かつ岩をも通すほどの一念であれば、それはやがて現実になっていくとすでにお話しました。しかし、そのことが理屈ではわかっても、いざとなれば「やっぱりできそうにもない」といってたじろいでしまう人だっていることでしょう。そういうときは、等身大の願望をかなえることで自信をつけ、一歩一歩進んでいくことをお勧めします。

その一環として、スイミングスクールのコーチがよく行っている水泳上達法を参考にしてみるといいかもしれません。

たとえば、**まったく泳げない人にいきなり一〇〇メートル泳げというのも無理な話**です。

しかし「一〇メートルだけでもいいから泳げるようになろう」という目標を掲げれば、練習次第では、何とかクリアできるようになります。そして、一〇メートル泳げるようになったら、今度は二〇メートルの目標を打ち立てる。それがクリアできたら、今度は三〇メートルの目標を打ち立てる。こうやって、最終的には一〇〇メートルの目標をクリアしていくという方法があるのです。

確かに「一〇メートルなら何とか泳げるようになるかもしれないが、いきなり一〇〇メートル泳げるようになるのは難しい」という気持ちなら持てるでしょう。

願望もこれと同じです。いきなり大きな夢をかなえようとすれば「できそうにもない」というあきらめの念が生じてくるでしょう。しかし比較的達成しやすい等身大の比較的容易な願望からトライすれば、達成感が何度も味わえるため、自信だって強まっていくようになるのです。

ですから、**何かを目指すときはこんな具合に、等身大の願望から挑戦してみましょう。**きっと大きな願望達成の原動力になってくれるはずです。

「一日十分歩くことから始める」「英検準二級を取ることから始める」「簿記三級の資格を取ることから始める」

まずはこういったことから一歩ずつ踏み出していくのです。

48

一つのことだけコツコツやっていけば道は必ず開ける

事を成し遂げる者は愚直でなければならぬ。
才走ってはうまくいかない。
――勝海舟　江戸末期の幕臣

お風呂場の水道が壊れてしまい、他からくんできて浴槽の中に水を入れなければならないとしましょう。その場合、水をコップで運ぼうとしたらどうなるでしょう。

コップは小さい容器なので、一〇回や二〇回往復しても、たいした水の量にはなりません。ですが、何度も往復すれば、いつかは浴槽がいっぱいになるでしょう。

この場合、底の抜けたバケツで水を運ぼうとしたらどうでしょうか。底が抜けていたらバケツ自体にも水はたまらないのですから、浴槽がいっぱいになることはありません。

夢の実現もそれと同じことで、「一冊の本を書き上げる」「A社と契約を結ぶ」という願望に置き換えて考えればどうでしょうか。

最初のうちはなかなか進展が見られなくとも「きっと○○する」というバケツの底があるのなら、コツコツとやり続けていけばいつか状況は好転していくものでしょう。

たとえば、普通の単行本を一冊書くのは根気のいる作業です。四〇〇字の原稿用紙に換算すれば、通常三〇〇枚は書かなければなりません。しかし、一日に原稿用紙一枚だけでも書き、それを毎日続けたとすると、およそ一年弱で書き終えることができるのです。

セールスなどの仕事も同じで、最初のうちはなかなか商談に結びつかなくても、誠意を持って足を運び続ければ、次第に気にかけてくれる相手にめぐり会えることでしょう。商談に結びつく可能性だって続けている限りはゼロではないのです。

当たり前のことかもしれませんが、継続こそ願望達成の一番の近道なのです。

「努力が重要なのではない。やり方が問題なのだ。していい努力をすれば運も開く。**していい努力とは、毎日、同じことを行うことだ**」

これは発明王エジソンの言葉ですが、地道に楽しく努力をしていけば、あるとき大きなチャンスをつかまえることですら不可能ではないのです。

あなたは、**毎日何か地道な努力をしていますか**？

49

「今に見ていろ」という気持ちはやがて情熱という炎になっていく

人生において情熱ほど大切なものはない。

――J・K・ローリング　作家

「あなたがたは、今、世界一優秀なセールスマンを失おうとしている。あなたがたの会社は私の情熱と信念の前にきっと後悔するであろう」

この言葉は全米一のセールスマンとして絶賛を浴びたポール・マイヤーの若かりしころの言葉ですが、彼のこの言葉は今では全世界でビジネス界の名言として知られています。

話の経緯をお話すると、当時、マイヤーは保険のセールスマンを志し、方々に面接に行ったものの、若すぎるという理由で、ことごとく断られ続けたのです。やがて、ようやく就職することができた保険会社も、わずか三週間でクビになる始末でした。このとき、社長や重役たちに向かって、口にしたセリフがこの言葉だったのです。

実際、マイヤーは間もなくして別の保険会社に入社し、わずか一年で、その会社で三〇年間破られなかったセールスの新記録を樹立し、その後も次々と記録を塗り替え、ついに二七歳のときに全米一の営業成績の記録を達成するに至ったのです。

自分をクビにした会社に言い放った〝捨てゼリフ〟を実現にいたらしめたのです。

この例にもあるように、「今に見ていろ」という情熱と「どんなことがあっても、必ず成し遂げてみせる」という信念があれば、どれだけ条件が悪くても、道は開け、願望は必ずかなうという好例と言えるでしょう。

あなたも「若くはないから」「学歴がないから」と**情熱まで放棄してはなりません**。

すべてはその人の心の持ち方、すなわち情熱と信念次第で可能になると信じるべきです。

中でも、大切なのは信念です。信念さえあれば、逆境やピンチに見舞われても、いかに状況が不利であっても、「簡単に挫折してなるものか」という気持ちが持続できるため、世の流れが変わり、ついには不可能を可能に転じさせることにすらつながっていくからです。

信念さえあれば、どんなことでもあなたにできないことなどはない、まずはそう強く信じてみませんか？

50

「未来」は眠る前に決まる

夢は続いている限り現実である。

そして、我々は夢の中で生きているのではないか。

――アルフレッド・テニソン　作家

あなたは、眠る前にいつもどんなことを考えていますか？

「最近、会社の業績がかんばしくない。ボーナスはどれだけ出るだろう」

「明日はお客様のクレーム処理に当たらなくてはならないから憂鬱《ゆううつ》だ」

こんなことを考えながら、眠りに就いてはいないでしょうか。

もし、そうだとしたら、快適生活が台無しになるばかりか、運命まで悪くなってしまうので注意が必要です。

先にも述べましたが、眠りに就く前というのは、人間の顕在意識が活動を弱めるため、**その直前に考えていることは、「想念」となってストレートに潜在意識に刻印されるよう**

になります。

そこで、思い当たるフシのある人は、まずリラックスをするようにし、それから「なりたい自分」すなわち理想像をイメージしながら眠りに就くようにしてみましょう。その訓練ができると、まず気分がワクワクしてきますし、快適にもなれます。やがて、その感情が潜在意識にストレートに刻印されていくため、願望もそれだけかないやすくなるのです。

また、翌日以降に楽しめることを考えながら眠りに就くのも効果的です。

「明日は、退社後、ウィンドー・ショッピングを楽しもう」

「週末は映画を観に行こう」

「来週は友達と旅行に行こう」

こういったことを考えながら眠りに就けば、翌朝、爽やかな気持ちで目覚めるだろうし、「今日も一日頑張ろう」という活力だって湧いてきます。つまり、「快」の度合いもどんどん高まるようになっていくのです。

夜眠る前に、特に何もしていないのならば、ぜひこの方法を活用してみてください。

51

幸福の女神が好むタイプとはどんな人？

現在持っているものに満足しない者は、持ちたいと思っているものを手に入れたとしても、同様に満足しないであろう。

——アウエルバッハ　作家

あなたは「長者」という言葉から、何を連想するでしょうか。たいていの人は「長者」イコール「お金持ち」「資産家」と解釈するでしょう。しかし、それは一部に過ぎず、お釈迦様は弟子たちに「この世には三種類の長者がいる」と説いています。

一つは、今述べた、お金に恵まれている人のことをいい、お釈迦様はこれを「家の長者」と呼んでいます。もう一つは、健康に恵まれている人で、お釈迦様はこれを「身の長者」と呼んでいます。そして、もう一つは、心がいつも満足感にあふれた人で、お釈迦様はこれを**「心の長者」と呼んでおり、これが三つの長者の中でもっとも幸福に生きられると断言している**のです。

なぜかというと、「家の長者」の場合、あるときはお金持ちであっても、何かのはずみで、貧乏になる可能性だってあるし、「身の長者」も、あるときは健康に恵まれていても、歳を重ねていけば、どこか具合の悪いところだって出てくる可能性があるからです。しかし、心の満足感は不変で終生変わることはありません。ですから、いつも楽しい気持ちでいられます。

それこそ永遠の幸福と呼べるもの、お釈迦様はこう説いているのです。

では、どうすれば、いつも満足感にあふれた心でいられるのでしょうか。

それは「知足の精神」を持つことです。

たとえば美味しい料理を食べたとしたら、「次はもっと高級なレストランで」と考えないで「ああとても美味しかった。ありがたいな」と考えるようにしてみましょう。

要は、些細な喜び事であっても、ありがたく思い「この恩恵は、今の自分に十分に見合ったものだ」と解釈し、福を慈《いつく》しみ、感謝するよう心がけるのです。

そうすれば、心はいつも満足感にあふれ、いつも楽しい気持ちでいられるようになるでしょう。その積み重ねが、お釈迦様がいう「心の長者」になる秘訣です。

あなたは何の長者になりたいですか？

52 他人の幸福と自分の幸福ではどちらを優先するべきか？

私は、親切にしすぎて間違いを犯すことの方が、親切と無関係に奇跡を行うことより、好きです。

――マザー・テレサ　ノーベル平和賞受賞者

一九世紀の中頃、米国に「ニューソート」という、キリスト教とインド哲学を合体させ人間の持つ未知なる可能性を科学的な立場から探求する思想が登場しました。わかりやすくいえば、人生に幸福と成功を呼び込む「新しい哲学」と解釈してもいいでしょう。

そして、二〇世紀の半ばに米国で空前のベストセラーを記録した『成功哲学』の著者であるナポレオン・ヒルが行った調査によると、ゼロからスタートしてアメリカン・ドリームを実現させた人の多くがニューソートの教えに目覚めたために大成功を収めることができたのだと発表しています。

そのニューソートの教えですが、根本原理を要約すると次のようになります。

「人の運命というものは、その人の考え方・心構えによってつくられる」

「潜在意識には思考を現実化させる働きが備わっている」

そして、その原理を説いたニューソート関連の本は日本でもたくさん出版され、一時は自己啓発書の代名詞にもなったほどでした。

しかし、問題がないわけでもありませんでした。それは、潜在意識を活用した成功法のみ強調され、他人に愛と善意を与えることの大切さがなおざりにされている内容が多かったことです。つまり、**ニューソートの教えの中でもっとも重要なのが、まさに他人に愛と善意を与えるということだった**のです。

なぜなら、そういった行為はプラスの想念に他ならないため「天の倉」、すなわち宇宙を経由して自分のところに跳ね返ってくる仕組みになっていることをニューソートでは力説しているからです。

それはつまり、経済成長ばかりを目指して積極的に行動するだけが、幸福になるための要素ではないということです。

他人の幸福を願うことだって人が幸福になるためのとても重要な要素なのです。

みなさんはどうかこのことをいつも忘れないようにしてください。

53

愛と善意が欲しいならどうすればいい？

与えよ、さらば与えられん。

――マハリシ・マヘーシュ・ヨーギ　宗教家

前項で、「ニューソート」では愛と善意を与えることが重要であると説明しました。この考えに似たことをじつは仏教でも説いています。

たとえば、仏教の経典の中に「仏の心とは四無量心なり」という教えがあります。四無量心とは、慈、悲、喜、捨の四つに分けられる愛のことを指すのですが、わかりやすく説明すると、慈とは、人に親切にしたり、すべてのモノを慈《いつく》しむ慈悲の心を指しています。悲とは、人を苦しみや悩みから救ってあげることをいい、喜とは、その名のとおり、人に喜びを与えたり、楽しませることをいうのです。そして捨とは、我欲を捨て、一切の見返りを期待しない献身的な愛、すなわち社会などへの貢献のことをいっています。

この四つの愛を、家族のために、一緒になって働く仕事仲間のために、社会のためにということを肝に銘じれば、やがては良い「因果応報」となって、自分のところへ跳ね返ってくるというのがその意味です。

ちなみに、この愛と善意を与えることの重要性はイエス・キリストも着目しており、最後の晩餐《ばんさん》で弟子の一人から「幸せに生きるための最高の方法とは何か?」と問われたとき、キリストは「汝がみずからを愛するように、汝の隣人を愛せ」と答えたと伝えられています。

乱暴かもしれませんが、結論から言うと、**どの宗教も説いている幸福の真理は同じ**なのです。

すなわち、己の幸福のみを求める気持ちを捨て、愛を与える心を持つことこそが大切で、人の喜びをわが喜びとし、ともに喜びを分かち合える人に幸福の女神は微笑むということ。

この**幸せになるための考えは、西洋も東洋も同じ**ということなのです。

54

「感謝の念」は幸福の扉を開くキーのようなもの

思いやりのこもった言葉は自信を生み出す。

思いやりのこもった考えは深さを生み出す。

思いやりを持って与えるとき、愛が生まれる。

――老子　思想家

その昔、栃錦という横綱がいました。その栃錦がまだ幕下だったころ、連日、稽古場で兄弟子たちからしごかれても、なぜだかいつもニコニコしていたそうです。不思議に思った親方がその理由を尋ねると、栃錦はこう答えたそうです。

「軍隊にいたときに比べたら、ここは天国みたいなところです。戦争と違って兄弟子《あにでし》たちからしごかれても死ぬ心配はありません。ちゃんこだって腹いっぱい食べられるので、餓死する心配もありません。それどころか、稽古をしてお金がもらえるなんて、こんなにありがたいことはありません。そう思うと、嬉しくなってくるのです」

さて、この話をしたのは他でもありません。どんなに**小さなことでも構わないので、と**

にかく今の自分の境遇に感謝する気持ちさえ持てば、ささいなことでも喜びが湧き、幸福な気分になれるということを強調したいからです。

実際、今の世の中はありがたいことに満ちていると思います。私たちはじつにたくさんの恩恵を、いろいろなものから与えられて生きているからです。空気や水を始め、自分という人間を取り巻く一切のモノによって生かされていると言えるでしょう。

人は病気になると、健康のありがたさを実感するといいますが、呼吸器系統にしても循環器系統にしても驚くばかりの働きをしてくれています。それに私たちの肉体は何百億、何千億といったお金をもってしてもそう簡単にはつくれない大変尊いものなのです。

そして、この尊い肉体があるのは両親、先祖のおかげなのです。そのうちの誰か一人でも欠けていたら、自分という人間はこの世に存在しません。

ですから、今の境遇、そして自分を取り巻くすべてのものに感謝してみましょう。まずは、そのすべてのものに対して「ありがとうございます」と言うようにしてみましょう。

そうすれば、あなたは喜びで満ち溢れ、気がつけば幸福を感じている自分に気づくことになるでしょう。

あなたは**一日に何回感謝をしていますか**？

55

人生はダイヤモンドと似ている

幸福は思いやりの心から生じるものであって、怒りや憎しみからは生じません。思いやりの心と相互の理解、相手への尊重を通して、私たちは心のやすらぎを、平和を、幸福を、そして心の満足を得ることができるのです。

――ダライ・ラマ14世　宗教家

昔、ある思想家がこう言ったことがあります。

「人生とはダイヤモンドのようなものである」

なるほど、その通りかもしれません。ダイヤモンドやエメラルドといった宝石は、誰もが簡単に見つけ出せるような場所にはありません。見つけるためには、大変な時間と労力を費やすものです。

しかも、ようやく見つけ出すことができても、原石には十分な価値はないのです。**原石に価値をつけるためには、研磨するなどして、さらに時間と労力を費やさなければならない**からです。そうして、やっと高価なダイヤモンドへと生まれ変わっていくのです。

人生もこれと同じことが言えるのではないでしょうか。

汗の出るような努力、ギクシャクした人間関係、困難、挫折・失望といったものを乗り越えてこそ、人は初めてダイヤモンドのような輝きを放つことができると思っています。

そういう人間になれれば、人生のビジョンは自《おの》ずと明確になるでしょう。夢の実現に向けて情熱と信念が持てるようになるでしょう。他人に対して温かさが持てるようになるでしょう。さらに人の心の痛みがわかるため、共感する力が身につき、相手の立場でモノが考えられるようにもなるのです。

誰に対しても謙虚さと誠実さを持ちつつ接するようになるでしょう。

そういう人になると、ダイヤのような輝きを放つようになるため、周りの人も放っておかなくなるということです。いつも誰かがその人を支え、応援・協力しようと考えてくれるようになるのです。孤独とは無縁で、否が応でも幸せな人生を歩むことができるようになるのです。

あなたは、自分が持つ宝石の原石に磨きをかけていますか？

56 真の資産家が「お金」よりも大切にしているものとは？

本当に大切なものは目に見えないんだ。

——サン＝テグジュペリ『星の王子さま』

世の中を見渡すと、欲や金銭に目がくらんだ挙句、せっかくの人生を台無しにしてしまう人が少なくありません。

そのいい例が、マネーゲームの申し子といわれた人たちが引き起こした昨今の世界同時不況や、金融危機です。

虚業の末の報いとも受け取れる事象でしたが「世の中お金がすべて」「お金があれば幸せになれる」といった誤った考えがツケとなって、一気に回ってきたと言えるでしょう。

これとは逆に、本当に幸せな人生を歩んでいる人というのは、お金や物質を求めることよりも、心に財産を築くことを重視しているものなのです。

では、どうすれば本当に幸せな人生に近づくことができるのでしょうか？

それには、良き人たちとの出会い・交流が一番です。本当に幸せな人たちは、様々な人たちとの出会いや交流を通して、素晴らしいアイディアを得たり、アドバイスを聞いたりして、人間向上の知恵を育んでいく人たちが多いものです。

そして、そうやって得た富を感謝の心を持って世の中に還元していくことが多いのも彼らの特徴です。要するに奉仕・貢献の精神をきちんと大切にしている人たちなのです。

であるからこそ、真の資産家は新たな富を次々と得られるのです。

結論を言ってしまうと、本当の財産とは、目に見える物の量でもなければ、お金でもなく、人の「心の豊かさ」のことを指すのです。また「人格」のことを指すのです。

あなたの**人格こそ最大の財産であり、そこから生まれた人たちとの信頼関係こそが、明日の幸福人生を担《にな》ってくれるもの**なのです。

一九世紀の思想家エマソンは次のように述べています。

「あなたという人間は神が作り出した最高の芸術品である。なぜなら、**その芸術品にはお金ではけっして買うことのできない尊い魂が込められているから**だ」

この世でたった一人しかいない、尊い芸術品を、あなたは大切にしていますか？

参考文献一覧

※本書は次の書籍を参考にさせていただきました。ここに厚くお礼申し上げます（編集部）。

『オーケー！　ボーイ――エディさんからの伝言』
百合子・タウンゼント　卓球王国
『ボブ・ディラン自伝』ボブ・ディラン　ソフトバンククリエイティブ
『アインシュタイン150の言葉』
ジェリー・メイヤー他　ディスカヴァー・トゥエンティワン
『ヘレン・ケラーはどう教育されたか――サリバン先生の記録』
アン・サリバン　明治図書出版
『奇跡の人　ヘレン・ケラー自伝』ヘレン・ケラー　新潮社
『孤独の克服――グラハム・ベルの生涯』
ロバート・V・ブルース　NTT出版
『年代記〈上・下〉ティベリウス帝からネロ帝へ』タキトゥス　岩波書店
『林檎の樹の下で――アップル日本上陸の軌跡』斎藤由多加　アスキー
『韓非子』韓非　岩波書店
『自省録』マルクス・アウレリウス　岩波書店
『ユダヤ人成功者たちに秘かに伝わる魔法のコトバ』
スティーブ・モリヤマ　ソフトバンククリエイティブ
『山本五十六再考』野村実　中央公論社
『森の生活　ウォールデン〈上・下〉』H・D・ソロー　岩波書店
『人間失格』太宰治　集英社
『バイロン詩集』バイロン　新潮社
『本田宗一郎語録』本田宗一郎研究会　小学館
『生涯最高の失敗』田中耕一　朝日新聞社
『答えはすべてあなたの中にある』ジェームズ・アレン　PHP研究所
『いちばん大切なこと。』ドロシー・ロー・ノルト　PHP研究所
『いかにして自分の夢を実現するか』ロバート・シュラー　三笠書房
『トルーマン・カポーティ〈上・下〉』ジョージ・プリンプトン　新潮社
『タラへの道――マーガレット・ミッチェルの生涯』
アン・エドワーズ　文藝春秋
『人生で大切なこと』松下幸之助　PHP研究所
『怒りについて』セネカ　岩波書店
『成功哲学』ナポレオン・ヒル　エス・エス・アイ
『知の教科書　ニーチェ』清水真木　講談社
『偉大なる青雲――闘魂と努力の経営人　大川博伝』
岸松雄　鏡浦書房
『エマソン　魂の探求――自然に学び神を感じる思想』
リチャード・ジェルダード　日本教文社
『マーガレット・バーク・ホワイト――戦場に咲いた美しき花』
利光早苗　メディアファクトリー
『大打者の栄光と生活――テッド・ウィリアムズ自伝』
テッド・ウィリアムズ　ベースボール・マガジン社
『マルチン・ルター――生涯と信仰』徳善義和　教文館
『育てたように子は育つ――相田みつをいのちのことば』
佐々木正美　小学館
『ナポレオン言行録』ボナパルト・ナポレオン　岩波書店
『勝海舟の言葉』勝安芳　大陸書房
『「ハリー・ポッター」の奇跡』チャールズ・J・シールズ　文溪堂
『対訳テニスン詩集』テニスン　岩波文庫
『中世の言語と読者――ラテン語から民衆語へ』
エーリヒ・アウエルバッハ　八坂書房
『マザー・テレサ　愛のことば』いもとようこ　女子パウロ会
『老子・荘子の言葉100選――心がほっとするヒント』
境野勝悟　三笠書房
『ゆるす言葉』ダライ・ラマ14世　イースト・プレス
『星の王子さま』サン＝テグジュペリ　新潮社
『聖なる意識の目ざめ――超越瞑想と人間生命完成への道』
マハリシ総合研究所　青村出版社

植西　聰（うえにし・あきら）

東京都出身。著述家。

学習院大学卒業後、資生堂に在職。独立後、ウィーグル研究所を設立し「心理学」「心理療法」「仏教学」「精神科学」などに基づいた人生論の研究に従事。1986年、20年以上にわたる研究成果を体系化した『成心学』理論を確立し、著述・カウンセリング活動を開始。1995年、「産業カウンセラー」（労働大臣認定資格）を取得。他に「知客職」（僧位）、「心理学博士」の名誉称号を持つ。

現在は著述を通じて人々に喜びと元気を与えている。著作は国内で180冊、海外で25冊の出版実績がある。

著作に『あなたを変える月曜日の習慣』（インデックス・コミュニケーションズ）、『自分を好きになると、いいことがいっぱい起きる！』（PHP研究所）、『頭がいい人の話し方』（KKベストセラーズ）、『いいことが起きる人の30の習慣』（あさ出版）、『ほめ言葉の法則』（アスペクト）など多数。

若いビジネスマンのための
「今」を生き抜く57の言葉

Nanaブックス
0078

2009年2月23日　初版第1刷発行

著　者——植西　聰
発行者——福西七重
発行所——株式会社ナナ・コーポレート・コミュニケーション
〒160-0022
東京都新宿区新宿1-26-6 新宿加藤ビルディング5F
TEL　03-5312-7473
FAX　03-5312-7476
URL　http://www.nana-cc.com
※Nanaブックスは（株）ナナ・コーポレート・コミュニケーションの出版ブランドです

印刷・製本—モリモト印刷株式会社（山本冬樹）
用紙———株式会社邦友（荒井聡）

カバーデザイン—渡邊民人（TYPEFACE）
本文デザイン—荒井雅美（TYPEFACE）
編　集——田中孝行
営　業——石正裕一、古屋薫、花木東子
販　売——中嶋みゆき、張月華

ISBN 978-4-901491-86-0　C0034